AF607546

códigos

Règim Jurídic de la Propietat Horitzontal a Catalunya

Actualitzat amb les modificacions de les Lleis 3/2023, de 16 de març i 1/2023, de 15 de febrer

Prohibida la reproducció total o parcial d'aquesta obra, per qualsevol
mitjà o qualsevol suport sense consentiment exprés del propietari del copyright.
Dirigiu-vos a CEDRO (Centro Español de Derechos Reprográficos, www.cedro.org) si necessiteu fotocopiar o escanejar algun fragment d'aquesta obra

© Editorial Jurídica sepín, S. L.
A FORUM MEDIA GROUP COMPANY
Setembre 2024

C/ Mahón, 8
28290 Las Rozas (Madrid)
Tel.: 91 352 75 51
www.sepin.es
sac@sepin.es

ISBN: 978-84-1053-844-3
Dipòsit legal: M-22096-2024

Producció gràfica: sepín, S. L.
Impressió: Service Point, S. L.

Llei 5/2006, de 10 de maig, del llibre cinquè del Codi civil de Catalunya, relatiu als drets reals

(DOGC núm. 4640, de 24 de maig de 2006)

(BOE núm. 148, de 22 de juny de 2006)

Correcció d'errors (DOGC núm. 679, de 20 d'octubre de 2015)

Correcció d'errors (DOGC núm. 4655, de 15 de juny de 2006)

PREÀMBUL

I. Finalitat

El dret civil té un paper clau en la configuració de Catalunya com a societat moderna perquè permet d'adaptar el marc jurídic a la realitat d'avui i satisfer les necessitats quotidianes dels ciutadans, que, d'acord amb aquell, poden exercir plenament la llibertat en l'àmbit privat. És per això que té, a més, una significació especial com a element d'identificació nacional i com a instrument de cohesió social.

La recuperació de les institucions polítiques operada l'any 1980 per l'Estatut d'autonomia ha permès que, en un quart de segle, el Parlament de Catalunya hagi acomplert una tasca legislativa intensa, en un procés de modernització del dret civil tradicional que ha estat àmpliament participatiu, progressiu i constant, cosa que l'ha dotat de la solidesa que calia per a superar les interpretacions restrictives de les competències exclusives que corresponien a la Generalitat en matèria de conservació, modificació i desenvolupament del dret civil català.

Aquest procés, iniciat amb la Llei 13/1984, del 20 de març, de reforma de la Compilació del dret civil de 1960, ha continuat al llarg de diverses legislatures. Les fites més rellevants han estat l'aprovació del Codi de successions, per la Llei 40/1991, del 30 de desembre; del Codi de família, per la Llei 9/1998, i de la Llei 10/1998, d'unions estables de parella, ambdues del 15 de juliol, i de la Llei 29/2002, del 30 de desembre, primera llei del Codi civil de Catalunya, la qual n'estableix l'estructura i l'elaboració en forma de codi obert, que cal construir a partir d'un procés continuat i que en el futur es pot adaptar de manera flexible a les necessitats socials i als avenços de la ciència jurídica de cada moment.

La finalitat d'aquesta llei és aprovar el llibre cinquè del Codi civil de Catalunya, relatiu als drets reals, com un pas més en la construcció del nou sistema jurídic privat català i en el seu procés codificador.

II. Els principis

Aquest codi aporta una regulació nova, pròpia de Catalunya, d'institucions fonamentals en el dret de coses, com són la possessió, la propietat i les situacions de comunitat, especialment l'anomenada propietat horitzontal, i introdueix la regulació dels drets de vol i d'hipoteca.

D'altra banda, refon i modifica parcialment la legislació aprovada pel Parlament en matèria de dret de coses i hi dóna unitat interna. Aquesta legislació comprèn un total de sis lleis, des de la Llei 6/1990, del 16 de març, dels censos, fins a la Llei 19/2002, del 5 de juliol, de drets reals de garantia.

La regulació del llibre cinquè, tot i que manté, actualitzades profundament, institucions tradicionals en el dret català, algunes d'ascendència romana, com són l'usdefruit i els seus diminutius o les servituds, i d'altres d'origen medieval, com són els drets de cens o la mitgeria, posa l'accent en els aspectes més innovadors, com són una regulació breu i ordenada del fet possessori i de les seves conseqüències jurídiques, una regulació dels límits i les limitacions de la propietat conforme a la cultura jurídica actual, la regulació de la propietat horitzontal com a instrument que facilita l'accés al dret fonamental a l'habitatge o la regulació dels drets de superfície, de vol o d'opció.

Aquest codi parteix dels principis bàsics de llibertat civil, que es manifesta deixant a l'autonomia de la voluntat un camp molt ampli d'actuació en la constitució i la configuració dels drets reals limitats i de les situacions de comunitat, en la limitació dels drets de tanteig i de retracte legals als casos indispensables i en l'establiment d'una regulació dels drets reals limitats que gairebé sempre és subsidiària del pacte entre les parts; de protecció dels consumidors i, en general, de les persones en situació de necessitat, que es manifesta sobretot en la normativa de la propietat horitzontal i en tot allò que té relació amb la regulació dels edificis amb una pluralitat d'habitatges; de la bona fe, que es presumeix sempre i que es manifesta en la regulació de la possessió, dels títols d'adquisició i de l'accessió i, en general, en el fet que mai no s'atorga protecció jurídica a qui actua de mala fe; de promoció de la seguretat jurídica preventiva, que es manifesta en la utilització equilibrada dels instruments notarials i dels registres públics en els supòsits en què l'interès públic i la transcendència dels interessos de tercers en fa aconsellable l'ús; i de la funció social de la propietat, que es manifesta en la regulació amb caràcter general de les restriccions al dret de propietat i de les relacions de veïnatge i en la superació del principi d'unanimitat en la gestió de les situacions de comunitat.

Finalment, aquest codi té molt present que les seves disposicions tenen caràcter de dret comú a Catalunya. Per això, quan és pertinent, subratlla la seva profunda imbricació amb la normativa, sovint qualificada d'administrativa, que configura la propietat moderna, tan imbuïda de la seva funció social, com és el cas de les normes urbanístiques o d'habitatge, agràries, forestals i mediambientals, i del patrimoni cultural.

III. L'estructura i el contingut

Aquesta llei, amb un sol article, aprova el llibre cinquè del Codi civil de Catalunya, relatiu als drets reals, i conté vint disposicions transitòries, una disposició derogatòria i una disposició final.

El llibre cinquè és format per 382 articles. D'acord amb la Primera llei del Codi civil, el llibre cinquè es distribueix en títols, concretament en sis, que estableixen unes disposicions generals sobre els béns (títol I) i regulen la possessió (títol II), l'adquisició i l'extinció dels drets reals (títol III), el dret de propietat (títol IV), les situacions de comunitat (títol V) i els drets reals limitats (títol VI). Cada un dels títols, llevat del primer, es divideix en capítols, vint-i-cinc en total, i aquests en seccions i subseccions.

El títol I és configurat per alguns articles, de caràcter introductori i general, sobre el règim jurídic dels béns, el concepte dels quals es pren en un sentit ampli, de manera que inclou els drets i, d'acord amb la tradició jurídica catalana més recent, estableix que els animals no tenen la consideració de coses i estan sota la protecció de les lleis.

El títol II conté la regulació de la possessió, considerada com un mecanisme primari de publicitat de drets que aquest codi protegeix per preservar la pau civil partint de la base que la possessió ha de tenir com a efecte principal el dret a continuar posseint. També regula els criteris de liquidació de la situació possessòria, per al cas en què els posseïdors que en tenen la possessió efectiva la perdin a favor d'altres persones que demostrin que tenen un millor dret. Finalment, configura l'adquisició de bona fe de béns mobles com a mecanisme transmissor del dret sobre el bé posseït.

El títol III regula l'adquisició i l'extinció del dret real. Regula la tradició en concordança amb els títols d'adquisició, tot configurant el sistema transmissor-adquisitiu d'acord amb la teoria del títol i del mode vigent tradicionalment en l'ordenament jurídic català. També regula la donació, a la qual reconeix la consideració de títol d'adquisició, juntament amb la successió, el contracte, l'ocupació, l'accessió i la usucapió. Tot i això, les donacions per raó de matrimoni o entre cònjuges i les donacions per causa de mort es mantenen, per ara, en el Codi de família i en el Codi de successions. Pel que fa a la usucapió, aquest títol redueix els terminis de la possessió per a usucapir a tres anys per als béns mobles i a vint per als immobles i en regula la interrupció i la suspensió.

En aquest mateix títol, el capítol II regula l'extinció dels drets reals amb caràcter general per causa de pèrdua total i sobrevinguda del bé, de consolidació i de renúncia.

El títol IV estableix una regulació general del dret de propietat que, quan és adquirida legalment, atorga als titulars el dret a usar de forma plena i exclusiva els béns que en constitueixen l'objecte i a gaudir-n'hi i disposar-n'hi, però sempre d'acord amb la seva funció social i dins dels límits i amb les restriccions que estableixen les lleis.

Així mateix, el títol IV regula els títols adquisitius exclusius del dret de propietat, amb una simplificació notable del text de la Llei 25/2001, del 31 de desembre, de l'accessió i l'ocupació, i el títol exclusiu de pèrdua d'aquest dret, és a dir, l'abandonament. També estableix la normativa civil de l'acció reivindicatòria, com a exponent de la protecció del dret en cas d'espoli, i de les accions negatòries, de tancament de finques i de delimitació i fitació, com a accions relatives a la facultat d'exclusió.

Finalment, el capítol V regula les restriccions de l'exercici del dret de propietat d'acord amb la seva funció social. Quan les estableixen les lleis, constitueixen els límits del dret de propietat si són en interès de la comunitat i en constitueixen les limitacions si són en interès de particulars indeterminats, normalment els veïns, inclosos en aquest cas els copropietaris dels immobles sotmesos al règim de la propietat horitzontal. En ambdós casos les restriccions afecten la disponibilitat o l'exercici del dret, no necessiten un acte exprés de constitució i no atorguen dret a indemnització. En canvi, les restriccions establertes per l'autonomia de la voluntat en interès privat constitueixen els drets reals limitats i es regeixen per l'autonomia de la voluntat. Atès que els límits es regulen per remissió a lleis especials, a les situacions de comunitat especials i als drets reals limitats, el capítol VI d'aquest títol regula les relacions de contigüitat, l'estat de necessitat i les immissions, amb les actualitzacions i les simplificacions sobre la Llei 13/1990, del 8 de juliol, de l'acció negatòria, les immissions, les servituds i les relacions de veïnatge, que la doctrina i la pràctica jurídica han fet aconsellables.

El títol V regula les anomenades situacions de comunitat, tant pel que fa a la comunitat ordinària, és a dir, el condomini indivís d'arrel romana, amb relació al qual s'estableixen algunes novetats, sobretot en matèria de divisió de la comunitat de béns, com pel que fa a les situacions que resulten del règim jurídic voluntari de la propietat horitzontal.

Aquesta regulació és, precisament, una de les novetats de més transcendència social del Codi, atès que la propietat horitzontal ha permès, els darrers cinquanta anys, una extraordinària generalització del dret de la propietat, fins al punt de convertir-se en un dels instruments jurídics fonamentals que garanteixen l'accés dels ciutadans a la propietat de l'habitatge. La regulació, que parteix de la base de l'existència d'un immoble unitari en el qual concorren més d'un titular i que es compon simultàniament de béns privatius i béns comuns relacionats entre ells de manera inseparable per la quota o el coeficient, adopta, actualitzant-lo, el model de la Llei 49/1960, del 21 de juliol, sobre propietat horitzontal, vigent en el moment en què s'aprova aquesta llei, però introdueix diverses millores, entre les quals la sistemàtica no és pas la menys transcendent. Així, el capítol III, que regula la propietat horitzontal, es distribueix en quatre seccions. La primera conté les disposicions generals, amb la configuració de la comunitat, el títol de constitució, en la regulació del qual es garanteixen al màxim els drets dels futurs adquirents de pisos o locals, i el funcionament de la junta de propietaris, detallat, clar i adaptat a les necessitats que l'experiència dels anys i l'evolució de la legislació feien imprescindibles, entre les quals destaca la limitació del principi d'unanimitat a casos molt puntuals. Les seccions segona i tercera regulen la propietat horitzontal simple i la complexa, aquesta darrera adequada als conjunts immobiliaris amb diversos edificis però amb zones comunitàries, com són piscines o zones d'esbarjo. Cal destacar també la regulació de les zones comunes d'ús privatiu i dels elements privatius d'ús comú, l'establiment de l'acció de cessació sobre determinades activitats i l'exclusió dels drets de tanteig i retracte per als locals amb garatges i altres usos semblants. La secció quarta regula la propietat horitzontal per parcel·les i, d'acord amb la pràctica jurídica, estén els principis de la normativa a les mal anomenades urbanitzacions privades.

El capítol IV conté una regulació de la comunitat especial per torns, que és diferent de la regulació dels torns d'apartaments per a vacances que regeix la Directiva 94/47/CE, del 26 d'octubre, i que hi és compatible, perquè aquest capítol es limita a béns unitaris i exclou de manera expressa l'aplicació als supòsits a què fa referència la normativa europea. El títol es clou amb la regulació de la mitgeria.

El títol VI, el més extens del llibre amb molta diferència, regula els drets reals limitats d'usdefruit, d'ús i d'habitació; d'aprofitament parcial, de superfície, de cens emfitèutic i vitalici, de servitud, de vol, d'opció, de tanteig i retracte, inclosos els retractes legals de confrontants i el gentilici de la Vall d'Aran conegut com a torneria; els drets de retenció, de penyora i d'anticresi, i, finalment, algunes especialitats del dret d'hipoteca resultants de les especificitats del dret català.

Els drets d'usdefruit, d'ús i d'habitació es regulen d'acord amb la Llei 13/2000, del 20 de novembre, de regulació dels drets d'usdefruit, ús i habitació, tot i que s'hi introdueixen millores de tècnica jurídica, s'hi introdueix l'usdefruit de propietari i es modifica el règim de l'usdefruit de participacions en fons d'inversió i en altres instruments d'inversió col·lectiva per a adequar-los a la realitat d'un mercat que no sempre produeix increments de valor. La regulació dels drets d'aprofitament parcial, autèntic calaix de sastre d'aprofitaments diversos que poden ésser útils per a promoure la conservació dels boscos i dels espais naturals mitjançant una explotació racional, agrupa les antigues servituds personals. El dret de superfície es regula d'acord amb la Llei 22/2001, del 31 de desembre, de regulació dels drets de superfície, de servitud i d'adquisició voluntària o preferent, tot i que s'estableix la necessitat de l'escriptura pública per a constituir-se i que se subratlla que, en extingir-se, les construccions o les plantacions reverteixen en els titulars del sòl.

Els drets de cens, emfitèutic i vitalici, es regulen seguint la Llei 6/1990, en la qual s'introdueix una norma de procediment per a la reclamació de les pensions, s'harmonitzen els terminis i es fixa d'una manera més entenedora el valor de la redempció. Les servituds es regulen d'acord amb la Llei 22/2001, sense altres modificacions que les sistemàtiques i les necessàries per a l'harmonització del text en el Codi, mentre que la regulació del dret de vol, com a dret real sobre un edifici o un solar edificat aliè que atribueix a qui en són els titulars la facultat de construir una planta o més, sobre o sota l'immoble gravat, i de fer seva la propietat de les noves construccions, és nova i té per objectiu delimitar amb claredat la distinció entre els drets de superfície, que comporten la propietat separada de manera temporal, i aquest, que és un instrument per a facilitar la construcció de plantes o edificis sotmesos al règim de la propietat horitzontal i comporta una divisió definitiva de la propietat.

La regulació dels drets d'adquisició introdueix modificacions tècniques i sistemàtiques a la de la Llei 22/2001, amb l'objectiu de donar resposta a algunes qüestions que aquesta deixava obertes tant amb relació a la conservació i la pèrdua de l'objecte sobre el qual recau l'adquisició com amb relació a la cancel·lació de càrregues constituïdes entre la constitució i l'exercici del dret d'opció. El capítol VIII també incorpora els drets de retracte de confrontants, al qual només tenen dret els propietaris confrontants de finques de superfície inferior a la unitat mínima de conreu que tinguin la consideració de conreador directe i personal, i el de la torneria, exclusiu i propi del territori de la Vall d'Aran, que només s'aplica a finques rústiques i cases pairals.

Finalment, la regulació dels drets reals de garantia del capítol IX es fa seguint la Llei 19/2002, tot i que se simplifica la normativa concernent al dret de retenció, i introduint la regulació de la hipoteca per a supòsits específics del dret català als quals la legislació hipotecària no donava fins ara la solució adequada, com és el cas dels béns sotmesos a fideïcomisos, de la hipoteca en garantia de pensions compensatòries derivades de sentències de separació o divorci i de pensions per aliments, o de la subrogació en el pagament de la pensió periòdica o censal en el cas de finca hipotecada en garantia d'aquest.

Les disposicions transitòries d'aquesta llei estableixen el règim de les usucapions iniciades abans de l'entrada en vigor del llibre cinquè del Codi; la subsistència de l'acció negatòria nascuda i no exercida abans; l'adaptació de les propietats horitzontals constituïdes abans, incloses les urbanitzacions, que es fa de la manera menys formalista i costosa possible, i el règim dels drets reals limitats anteriors a l'entrada en vigor. Es mantenen, també, normatives transitòries per als censos i les rabasses mortes constituïdes abans de l'entrada en vigor de la Llei 6/1990 i de la Llei 22/2001, amb el benentès que les normes que establien aquestes lleis per a facilitar l'extinció i la redempció d'aquests drets són llur actiu pràctic principal.

Igualment, aquesta llei conté una disposició derogatòria i una disposició final. La primera deroga diverses lleis i la segona estableix l'entrada en vigor d'aquesta llei.

[...]

TÍTOL V-De les situacions de comunitat

CAPÍTOL III-Règim jurídic de la propietat horitzontal

Precepte modificat per la Llei 5/2015, de 13 de maig, amb entrada en vigor a partir del 20-6-2015 (Modificat Capítol III del Títol V)

SECCIÓ 1a-Disposicions generals

Precepte modificat per la Llei 5/2015, de 13 de maig, amb entrada en vigor a partir del 20-6-2015 (Modificada Secció 1a del Capítol III del Títol V)

SUBSECCIÓ 1a-Configuració de la comunitat

Precepte modificat per la Llei 5/2015, de 13 de maig, amb entrada en vigor a partir del 20-6-2015 (Modificada Subsecció 1a de la Secció 1a del Capítol III del Títol V)

Article 553-1. Definició

1. El règim jurídic de la propietat horitzontal implica, per als propietaris, el dret de propietat en exclusiva sobre els elements privatius i en comunitat amb els altres propietaris sobre els elements comuns.

2. El règim jurídic de la propietat horitzontal requereix l'atorgament del títol de constitució i suposa:

a) L'existència, present o futura, d'un o més titulars de la propietat d'almenys un immoble integrat per elements privatius i elements comuns.

b) La determinació de la quota de participació en els elements comuns que correspon a cada element privatiu.

c) La configuració d'una organització per a l'exercici dels drets i el compliment dels deures dels propietaris.

3. Els elements comuns són inseparables dels elements privatius. Els actes d'alienació i gravamen i l'embargament dels elements privatius s'estenen a la participació que els correspon en els elements comuns.

4. El règim de la propietat horitzontal exclou l'acció de divisió sobre els elements comuns i els drets d'adquisició preferent de caràcter legal entre propietaris de diferents elements privatius. Aquesta exclusió no afecta les situacions de comunitat indivisa sobre els elements privatius.

Precepte modificat per la Llei 5/2015, de 13 de maig, amb entrada en vigor a partir del 20-6-2015 (Modificat article 553-1)

Article 553-2. Objecte

1. Poden ésser objecte de propietat horitzontal els edificis i qualssevol altres immobles, fins i tot en construcció, en els quals coexisteixin elements privatius, constituïts per habitatges, locals o espais físics susceptibles d'independència funcional i d'atribució a diferents propietaris, amb elements comuns, necessaris per a l'ús i el gaudi adequat dels privatius.

2. Es pot constituir un règim de propietat horitzontal en els casos de coexistència en sòl, vol o subsòl d'edificacions o usos privats i domini públic, de ports esportius amb relació als punts d'amarratge, de mercats amb relació a les parades, de cementiris amb relació a les sepultures i en altres de semblants. Aquestes situacions es regeixen pels preceptes d'aquest capítol adaptats a la naturalesa específica de cada cas i per la normativa administrativa que els és aplicable.

Precepte modificat per la Llei 5/2015, de 13 de maig, amb entrada en vigor a partir del 20-6-2015 (Modificat article 553-2)

Article 553-3. Quota

1. La quota de participació:

a) Determina i concreta la participació que correspon als elements privatius sobre la propietat dels elements comuns.

b) Serveix de mòdul per a fixar la participació en les càrregues, els beneficis, la gestió i el govern de la comunitat i els drets dels propietaris en cas d'extinció del règim.

c) Estableix la distribució de les despeses i el repartiment dels ingressos, llevat de pacte en contra.

2. Les quotes de participació corresponents als elements privatius s'expressen en percentatge sobre el total de l'immoble i es fixen proporcionalment a la superfície i ponderant l'ús, la destinació i les altres dades físiques i jurídiques dels béns que integren la comunitat.

3. Les quotes de participació es determinen i es modifiquen per acord unànime dels propietaris o, si aquest no és possible, per mitjà de l'autoritat judicial o d'un procediment de resolució extrajudicial de conflictes.

4. Es poden establir, a més de la quota de participació, quotes especials per a despeses determinades.

Precepte modificat per la Llei 5/2015, de 13 de maig, amb entrada en vigor a partir del 20-6-2015 (Modificat article 553-3)

Article 553-4. Crèdits i deutes

1. Tots els propietaris són titulars mancomunats, tant dels crèdits constituïts a favor de la comunitat com dels deutes contrets vàlidament en la seva gestió, d'acord amb les quotes de participació respectives.

2. L'import de la contribució de cada propietari a les despeses comunes, ordinàries i extraordinàries, i al fons de reserva és el que resulta de l'acord de la junta i de la liquidació del deute segons la quota que correspongui.

3. Els crèdits de la comunitat contra els propietaris per les despeses comunes, ordinàries i extraordinàries, i pel fons de reserva corresponents a la part vençuda de l'any en curs i als quatre anys immediatament anteriors, comptats de l'1 de gener al 31 de desembre, tenen preferència de cobrament sobre l'element privatiu amb la prelació que determini la llei.

4. Els crèdits meriten interessos des del moment en què se n'ha de fer el pagament corresponent i aquest no es fa efectiu.

Precepte modificat per la Llei 5/2015, de 13 de maig, amb entrada en vigor a partir del 20-6-2015 (Modificat article 553-4)

Nota: Cal tenir en compte que la preferència de cobrament regulada per l'art. 553-4.3 a la redacció establerta per la Llei 5/2015, només s'aplica als crèdits que es reclamen judicialment o a les transmissions que es produeixin a partir del 20 de juny de 2015, conforme estableix l'apt. 3 de la disposició final de la citada Llei (SP/LEG/17692).

Article 553-5. Afecció real

1. Els elements privatius estan afectats amb caràcter real i responen del pagament dels imports que deuen els titulars, i també els anteriors titulars, per raó de les despeses comunes, ordinàries o extraordinàries, i pel fons de reserva, que corresponguin a la part vençuda de l'any en curs i als quatre anys immediatament anteriors, comptats de l'1 de gener al 31 de desembre, sens perjudici, si escau, de la responsabilitat de qui transmet.

2. Els transmitents d'un element privatiu han de declarar que estan al corrent en els pagaments que els corresponen o, si escau, han d'especificar els que tenen pendents i han d'aportar un certificat relatiu a l'estat de llurs deutes amb la comunitat, expedit per qui n'exerceix la secretaria, en el qual han de constar, a més, les despeses comunes, ordinàries i extraordinàries, i les aportacions al fons de reserva aprovades però pendents de venciment. Sense aquesta manifestació i aquesta aportació no es pot atorgar l'escriptura pública, llevat que les parts hi renunciïn expressament. En qualsevol cas, sens perjudici de l'afecció real que estableix l'apartat 1, el transmitent respon del deute que té amb la comunitat en el moment de la transmissió.

3. El certificat a què fa referència l'apartat 2 no requereix el vistiplau de la presidència si l'administració de la comunitat la duu un professional que n'exerceix la secretaria.

Precepte modificat per la Llei 5/2015, de 13 de maig, amb entrada en vigor a partir del 20-6-2015 (Modificat article 553-5)

Nota: Cal tenir en compte que l'afecció real dels elements privatius regulada per l'art. 553-5.1 en la redacció establerta per la Llei 5/2015, només s'aplica als crèdits que es reclamen judicialment o a les transmissions que es produeixin a partir del 20 de juny de 2015, conforme estableix l'apt. 3 de la disposició final de la citada Llei (SP/LEG/17692).

Article 553-6. Fons de reserva

1. En el pressupost de la comunitat ha de figurar una quantitat no inferior al 5% de les despeses comunes destinada a la constitució d'un fons de reserva.

2. La titularitat del fons de reserva és de tots els propietaris i el fons resta afectat a la comunitat sense que cap propietari tingui dret a reclamar-ne el retorn en el moment de l'alienació de l'element privatiu.

3. El fons de reserva ha de figurar en comptabilitat separada i s'ha de dipositar en un compte bancari especial a nom de la comunitat. Els administradors només en poden disposar, amb l'autorització de la presidència, per a atendre despeses de la comunitat imprevistes de caràcter urgent o, amb l'autorització de la junta de propietaris, per a fer front a les obres extraordinàries de conservació, reparació, rehabilitació, instal·lació de nous serveis comuns i seguretat, i també per a les que siguin exigibles d'acord amb les normatives especials.

4. Els romanents del fons de reserva de cada any s'acumulen en el fons de l'any següent.

Precepte modificat per la Llei 5/2015, de 13 de maig, amb entrada en vigor a partir del 20-6-2015 (Modificat article 553-6)

SUBSECCIÓ 2a-Constitució de la comunitat

Precepte modificat per la Llei 5/2015, de 13 de maig, amb entrada en vigor a partir del 20-6-2015 (Modificada Subsecció 2a de la Secció 1a del Capítol III del Títol V)

Article 553-7. Establiment del règim

1. L'immoble se sotmet al règim de propietat horitzontal des de l'atorgament del títol de constitució, encara que la construcció no estigui acabada.

2. El títol de constitució s'inscriu en el Registre de la Propietat de conformitat amb la legislació hipotecària i amb els efectes que aquesta legislació estableix.

Precepte modificat per la Llei 5/2015, de 13 de maig, amb entrada en vigor a partir del 20-6-2015 (Modificat article 553-7)

Article 553-8. Legitimació

1. Estan legitimats per a l'establiment del règim de la propietat horitzontal el propietari o els propietaris de l'immoble que ho siguin en el moment de l'atorgament del títol de constitució.

2. El promotor que hagi transmès una quota indivisa de l'immoble no pot fer ús de la facultat que li concedeix l'article 552-11.4. En aquest cas, qualsevol adquirent pot exigir l'atorgament immediat del títol de constitució d'acord amb el projecte pel qual s'ha obtingut la llicència corresponent.

3. Quan el propietari de l'immoble que ha alienat elements privatius en un document privat atorga l'escriptura pública corresponent, ha de ressenyar el títol de constitució i incorporar-hi els estatuts i les altres normes de la comunitat.

Precepte modificat per la Llei 5/2015, de 13 de maig, amb entrada en vigor a partir del 20-6-2015 (Modificat article 553-8)

Article 553-9. Escriptura de constitució i constància en el Registre de la Propietat

1. El títol de constitució del règim de propietat horitzontal ha de constar en una escriptura pública, que en tot cas ha de contenir:

a) La descripció de l'immoble en conjunt, que ha d'indicar si està acabat o no, i la relació dels elements, les instal·lacions i els serveis comuns que té.

b) La descripció de tots els elements privatius, amb el corresponent número d'ordre intern a l'immoble, la quota general de participació i, si escau, les especials que els corresponen, i també la superfície útil, la situació, els límits, la planta, la destinació i, si escau, els espais físics o els drets que en constitueixin annexos o vinculacions.

c) Un plànol descriptiu de l'immoble.

d) Els estatuts, si n'hi ha.

e) Les reserves de drets o facultats, si n'hi ha, establertes a favor del promotor o dels constituents del règim.

f) La previsió, si escau, de formació de subcomunitats.

2. Els preceptes d'aquest capítol s'apliquen en tot allò que no és establert pel títol de constitució.

3. En la mateixa escriptura de constitució o en una altra de prèvia, cal que es declari l'obra nova d'acord amb el que estableixen la legislació hipotecària i les altres normes que hi siguin aplicables.

4. El règim de la propietat horitzontal s'inscriu en el Registre de la Propietat d'acord amb la legislació hipotecària, per mitjà d'una inscripció general per a l'immoble i de tants de folis com finques privatives hi hagi.

5. Les estipulacions establertes en la constitució del règim, o en qualsevol altre document, que impliquin una reserva de la facultat de modificació unilateral del títol de constitució a favor del constituent, o que li permetin de decidir en el futur assumptes de competència de la junta de propietaris, són nul·les.

Precepte modificat per la Llei 5/2015, de 13 de maig, amb entrada en vigor a partir del 20-6-2015 (Modificat article 553-9)

Article 553-10. Modificació del títol de constitució

1. Per a modificar el títol de constitució cal l'acord de la junta de propietaris i que l'escriptura observi els requisits de l'article 553-9 que siguin aplicables a la modificació de què es tracti.

2. No cal l'acord de la junta de propietaris per a la modificació del títol de constitució si la motiven els fets següents:

a) L'exercici d'un dret de vol, sobreelevació, subedificació i edificació si s'ha previst així en constituir el règim o el dret.

b) Les agrupacions, agregacions, segregacions i divisions dels elements privatius o les desvinculacions d'annexos, si els estatuts ho estableixen així.

c) Les alteracions de la destinació dels elements privatius, llevat que els estatuts les prohibeixin expressament.

d) L'execució d'actuacions ordenades per l'Administració pública de conformitat amb la legislació vigent en matèria urbanística, d'habitabilitat, d'accessibilitat i sobre rehabilitació, regeneració i renovació urbanes.

3. La formalització de les operacions de modificació, fins i tot la de la suma o redistribució de les quotes afectades, correspon als titulars dels drets o propietaris d'elements privatius implicats en allò que resulti o sigui conseqüència de les operacions de modificació fetes a l'empara del que estableix l'apartat 2.

Precepte modificat per la Llei 5/2015, de 13 de maig, amb entrada en vigor a partir del 20-6-2015 (Modificat article 553-10)

Article 553-11. Estatuts

1. Els estatuts regulen els aspectes referents al règim jurídic real de la comunitat i poden contenir regles sobre les qüestions següents:

a) La destinació, l'ús i l'aprofitament dels elements privatius i dels elements comuns.

b) Les limitacions d'ús i altres càrregues dels elements privatius.

c) L'exercici dels drets i el compliment de les obligacions.

d) L'aplicació de despeses i ingressos i la distribució de càrregues i beneficis.

e) Els òrgans de govern complementaris dels que estableix aquest codi i llurs competències.

f) La forma de gestió i administració.

2. Són vàlides les clàusules estatutàries següents, entre d'altres:

a) Les que permeten les operacions d'agrupació, agregació, segregació i divisió d'elements privatius i les de desvinculació d'annexos amb creació de noves entitats sense consentiment de la junta de propietaris. En aquest cas, les quotes de participació de les finques resultants es fixen per la suma o la distribució de les quotes dels elements privatius afectats.

b) Les que exoneren determinats propietaris d'elements privatius de l'obligació de satisfer les despeses de conservació d'elements comuns concrets, que poden incloure les del portal, l'escala, els ascensors, els jardins, les zones d'esbarjo i altres espais semblants.

c) Les que estableixen la utilització exclusiva i, si escau, el tancament d'una part del solar, o de les cobertes o de qualsevol altre element comú o part determinada d'aquest en favor d'algun element privatiu.

d) Les que permeten l'ús o el gaudi d'elements comuns per mitjà de la col·locació de cartells de publicitat.

e) Les que limiten les activitats que es poden acomplir en els elements privatius.

f) Les que preveuen la resolució dels conflictes per mitjà de l'arbitratge o la mediació per a qualsevol qüestió del règim de la propietat horitzontal.

3. Les normes dels estatuts que no siguin inscrites en el Registre de la Propietat no perjudiquen tercers de bona fe.

Precepte modificat per la Llei 5/2015, de 13 de maig, amb entrada en vigor a partir del 20-6-2015 (Modificat article 553-11)

Article 553-12. Reglament de règim interior

1. El reglament de règim interior, que no es pot oposar als estatuts, conté les regles internes referents a les relacions de convivència i bon veïnatge entre els propietaris i a la utilització dels elements d'ús comú i de les instal·lacions.

2. El reglament de règim interior obliga sempre els propietaris i els usuaris dels elements privatius.

Precepte modificat per la Llei 5/2015, de 13 de maig, amb entrada en vigor a partir del 20-6-2015 (Modificat article 553-12)

Article 553-13. Reserva del dret de sobreelevació, subedificació i edificació

1. La constitució o la reserva expressa del dret per a sobreelevar, subedificar o edificar en el mateix solar de l'immoble a favor dels constituents o de terceres persones és vàlida si l'estableix el títol de constitució del règim de propietat horitzontal.

2. Els titulars del dret de vol estan facultats per a edificar a llur càrrec d'acord amb el títol de constitució del dret, per a fer seus els elements privatius que en resulten i per a atorgar, tots sols i a llur càrrec, les corresponents declaracions o ampliacions d'obra nova i, si s'ha previst en constituir el règim o el dret, la modificació de la divisió horitzontal. L'exercici successiu del dret amb la construcció de la nova edificació comporta la redistribució de les quotes de participació, que duen a terme els titulars dels drets reservats d'acord amb aquest codi i amb el títol de constitució, sense necessitat del consentiment de la junta de propietaris.

3. La constitució o la reserva a què fa referència l'apartat 1 només és vàlida si consta en una clàusula específica i el dret es constitueix d'acord amb l'article 567-2.

Precepte modificat per la Llei 5/2015, de 13 de maig, amb entrada en vigor a partir del 20-6-2015 (Modificat article 553-13)

Article 553-14. Extinció del règim

1. El règim de propietat horitzontal s'extingeix voluntàriament per acord unànime de la junta de propietaris de conversió en un altre tipus de comunitat o per decisió del propietari únic. L'acord o decisió requereix el consentiment dels titulars de drets reals sobre els elements privatius o comuns afectats. En qualsevol cas, es presumeix atorgat el consentiment si el titular del dret real no ha manifestat la seva oposició a l'acord o decisió en el termini d'un mes a comptar de la data en què se li hagi notificat.

2. El règim de propietat horitzontal s'extingeix en els supòsits de destrucció, declaració de ruïna i expropiació forçosa de l'immoble. Nogensmenys, en el títol de constitució es pot estipular que el règim no s'extingeixi

malgrat la destrucció o la declaració de ruïna per tal de procedir a la rehabilitació o reconstrucció de l'immoble a càrrec dels propietaris.

Precepte modificat per la Llei 5/2015, de 13 de maig, amb entrada en vigor a partir del 20-6-2015 (Modificat article 553-14)

SUBSECCIÓ 3a-Òrgans de la comunitat

Precepte modificat per la Llei 5/2015, de 13 de maig, amb entrada en vigor a partir del 20-6-2015 (Modificada Subsecció 2a de la Secció 1a del Capítol III)

Article 553-15. Organització de la comunitat

1. Els òrgans de la comunitat són la presidència, la secretaria i la junta de propietaris. Els dos primers són unipersonals. El càrrec de la presidència ha d'ésser exercit per un propietari. La secretaria pot ésser exercida per un propietari o per la persona externa a la comunitat que assumeixi les funcions d'administració.

2. La comunitat pot encarregar l'administració a un professional extern que compleixi les condicions professionals legalment exigibles. En aquest cas, les funcions d'administració inclouen també les de secretaria.

3. Els càrrecs són designats per la junta de propietaris, davant la qual responen de llurs actuacions. També els pot designar el promotor de l'immoble, cas en què exerceixen fins a la primera reunió de la junta de propietaris.

4. Els càrrecs són reelegibles, duren un any i s'entenen prorrogats fins que no es faci la junta ordinària següent al venciment del termini per al qual es van designar.

5. L'exercici dels càrrecs és obligatori, tot i que la junta de propietaris pot considerar l'al·legació de motius d'excusa fonamentats. La designació es fa, si no hi ha candidats, per un torn rotatori o per sorteig entre les persones que no han exercit el càrrec.

6. Els càrrecs no són remunerats, llevat que recaiguin en persones alienes a la comunitat, cas en què poden ésser-ho. En qualsevol cas, hom té el dret de rescabalar-se de les despeses ocasionades per l'exercici del càrrec.

7. Els estatuts poden regular la creació d'altres òrgans, a més dels que estableix l'apartat 1.

8. En la designació dels càrrecs no s'ha de produir cap mena de discriminació per raó de sexe, orientació sexual, origen o creences ni per cap altre motiu.

9. En els casos en què el nombre de propietaris sigui inferior a tres, i mentre es mantingui aquesta situació, el règim de funcionament de l'organització de la comunitat és el que l'article 552-7 estableix per a la comunitat ordinària indivisa.

Precepte modificat per la Llei 5/2015, de 13 de maig, amb entrada en vigor a partir del 20-6-2015 (Modificat article 553-15)

Article 553-16. Presidència

1. Corresponen a la presidència les funcions següents:

a) Convocar i presidir les reunions de la junta de propietaris.

b) Representar la comunitat judicialment i extrajudicialment.

c) Elevar a públics els acords, si escau.

d) Vetllar pel bon funcionament de la comunitat i pel compliment dels deures del secretari i de l'administrador.

e) Qualssevol altres funcions que estableixi la llei.

2. La junta de propietaris pot designar un vicepresident, que exerceix les funcions de la presidència en cas de mort, impossibilitat, absència o incapacitat del seu titular. També pot exercir les funcions que la presidència li hagi delegat expressament.

Precepte modificat per la Llei 5/2015, de 13 de maig, amb entrada en vigor a partir del 20-6-2015 (Modificat article 553-16)

Article 553-17. Secretaria

El secretari estén les actes de les reunions, fa les notificacions, expedeix els certificats i custodia, durant cinc anys com a mínim, les convocatòries, les comunicacions, els poders, la documentació comptable i els altres documents rellevants de les reunions i de la comunitat. La custòdia i la tenidoria dels llibres d'actes són regulades per l'article 553-28.

Precepte modificat per la Llei 5/2015, de 13 de maig, amb entrada en vigor a partir del 20-6-2015 (Modificat article 553-17)

Article 553-18. Administració

1. L'administrador gestiona els assumptes ordinaris de la comunitat i exerceix les funcions següents:

a) Prendre les mesures convenients i fer els actes necessaris per a conservar els béns i el funcionament correcte dels serveis de la comunitat.

b) Vetllar perquè els propietaris compleixin les obligacions i fer-los els advertiments pertinents.

c) Preparar els comptes anuals de l'exercici precedent i el pressupost.

d) Executar els acords de la junta de propietaris i fer els cobraments i els pagaments que corresponguin.

e) Decidir l'execució de les obres de conservació i reparació de caràcter urgent, de la qual cosa ha de donar compte immediatament a la presidència.

f) Pagar, amb autorització de la presidència, les despeses de caràcter urgent que poden ésser a càrrec del fons de reserva.

g) Les altres funcions que expressament li siguin delegades per la junta de propietaris o atribuïdes per la llei.

2. L'administrador és responsable de la seva actuació davant la junta de propietaris.

Precepte modificat per la Llei 5/2015, de 13 de maig, amb entrada en vigor a partir del 20-6-2015 (Modificat article 553-18)

Article 553-19. Junta de propietaris

1. La junta de propietaris, integrada per tots els propietaris d'elements privatius, és l'òrgan suprem de la comunitat.

2. La junta de propietaris té les competències no atribuïdes expressament a altres òrgans i, com a mínim, les següents:

a) El nomenament i la remoció de les persones que han d'ocupar o ocupen els càrrecs de la comunitat.

b) La modificació del títol de constitució.

c) L'aprovació i modificació dels estatuts i del reglament de règim interior.

d) L'aprovació dels pressupostos i dels comptes anuals.

e) L'aprovació de la realització de reparacions de caràcter ordinari no pressupostades i de les de caràcter extraordinari i de millora, de llur import i de la imposició de derrames per a finançar-les.

f) L'establiment o la modificació dels criteris generals per a fixar o modificar quotes.

g) L'extinció voluntària del règim.

Precepte modificat per la Llei 5/2015, de 13 de maig, amb entrada en vigor a partir del 20-6-2015 (Modificat article 553-19)

Article 553-20. Reunions

1. La junta de propietaris s'ha de reunir, de manera ordinària, una vegada l'any per a aprovar els comptes i el pressupost i per a elegir les persones que han d'exercir els càrrecs.

2. La junta de propietaris s'ha de reunir quan ho consideri convenient el president i quan ho demani, com a mínim, una quarta part dels propietaris o els qui representin una quarta part de les quotes de participació.

3. Els estatuts poden establir la convocatòria de reunions especials per a tractar de qüestions que afectin només propietaris determinats o, si escau, les subcomunitats.

4. La junta de propietaris es pot reunir sense convocatòria si hi concorren tots els propietaris i acorden per unanimitat la celebració de la reunió i el seu ordre del dia.

Precepte modificat per la Llei 5/2015, de 13 de maig, amb entrada en vigor a partir del 20-6-2015 (Modificat article 553-20)

Article 553-21. Convocatòries

1. La presidència convoca les reunions de la junta de propietaris. En cas de vacant, inactivitat o negativa de la presidència, pot convocar la reunió la vicepresidència o, en cas de vacant, inactivitat o negativa d'aquesta, els propietaris que promouen la reunió d'acord amb l'article 553-20.2.

2. Les convocatòries, citacions i notificacions, llevat que els estatuts estableixin expressament una altra cosa, s'han de trametre, amb una antelació mínima de vuit dies naturals, a l'adreça comunicada pel propietari a la secretaria. La tramesa es pot fer per correu postal o electrònic, o per altres mitjans de comunicació, sempre que es garanteixi l'autenticitat de la comunicació i del seu contingut. Si el propietari no ha comunicat cap adreça, s'han de trametre a l'element privatiu del qual és titular. A més, l'anunci de la convocatòria s'ha de publicar amb la mateixa antelació al tauler d'anuncis de la comunitat o en un lloc visible habilitat a aquest efecte. El dit anunci produeix l'efecte de notificació efectiva quan la personal no ha reeixit.

3. En el cas de juntes extraordinàries per a tractar d'assumptes urgents, tan sols cal que els propietaris hagin pogut tenir coneixement de les convocatòries, citacions i notificacions abans de la data en què s'hagi de fer la reunió.

4. La convocatòria de la reunió de la junta de propietaris ha d'expressar de manera clara i detallada:

a) L'ordre del dia. Si la reunió es convoca a petició de propietaris promotors, hi han de constar els punts que proposen. L'ordre del dia inclou, entre altres assumptes, els proposats per escrit a la presidència, abans de la convocatòria, per qualsevol dels propietaris.

b) El dia, el lloc i l'hora de la reunió.

c) L'advertiment que, amb relació als acords a què fa referència l'article 553-26, els vots dels propietaris que no assisteixen a la reunió es computen en el sentit de l'acord pres per la majoria, sens perjudici de llur dret d'oposició.

d) La llista dels propietaris amb deutes pendents amb la comunitat per raó de les quotes, els quals, de conformitat amb l'article 553-24, tenen veu però no tenen dret de vot, de la qual cosa cal fer advertiment.

5. La documentació relativa als assumptes a tractar s'ha de trametre als propietaris juntament amb la convocatòria, o bé s'ha d'indicar el lloc on es troba a llur disposició. Si les funcions d'administració de la comunitat les fa un professional extern, aquest ha de tenir la dita documentació a disposició dels propietaris des del moment en què es tramet la convocatòria.

Precepte modificat per la Llei 5/2015, de 13 de maig, amb entrada en vigor a partir del 20-6-2015 (Modificat article 553-21)

Article 553-22. Assistència

1. El dret d'assistència a la junta correspon als propietaris, els quals hi assisteixen personalment o per representació legal, orgànica o voluntària, que s'ha d'acreditar per escrit. Els estatuts poden establir, o la junta de propietaris pot acordar, que s'hi pugui assistir per videoconferència o per altres mitjans telemàtics de comunicació sincrònica similars.

2. El dret d'assistència inclou el dret de veu i el dret de vot a la junta de propietaris, sens perjudici del que estableix l'article 553-24.

3. En cas de comunitat d'un element privatiu, els cotitulars en designen un perquè exerceixi el dret d'assistir a la junta de propietaris.

4. En l'usdefruit s'entén que els nus propietaris, si no consta llur manifestació en contra, són representats pels usufructuaris. La representació ha d'ésser expressa si s'han d'adoptar acords sobre el títol de constitució, els estatuts i les obres extraordinàries o de millorament.

Precepte modificat per la Llei 5/2015, de 13 de maig, amb entrada en vigor a partir del 20-6-2015 (Modificat article 553-22)

Article 553-23. Constitució

1. La junta de propietaris es constitueix vàlidament sigui quin sigui el nombre de propietaris que hi concorrin i les quotes de què siguin titulars o representants.

2. La junta de propietaris, si no hi assisteixen el president ni el vicepresident, designa un propietari d'entre els assistents perquè la presideixi.

3. La junta de propietaris, si no hi assisteix el secretari, en designa un d'entre els assistents.

Precepte modificat per la Llei 5/2015, de 13 de maig, amb entrada en vigor a partir del 20-6-2015 (Modificat article 553-23)

Article 553-24. Dret de vot

1. Tenen dret a votar en la junta els propietaris que no tinguin deutes pendents amb la comunitat quan la junta es reuneix. Els propietaris que tinguin deutes pendents amb la comunitat tenen dret a votar si acrediten que n'han consignat judicialment o notarialment l'import o que els han impugnats judicialment.

2. El dret de vot s'exerceix de les maneres següents:

a) Personalment.

b) Per representació, d'acord amb el que estableix l'article 553-22.1.

c) Per delegació en un altre propietari, feta per mitjà d'un escrit que designi nominativament la persona delegada i en el qual es pot indicar el sentit del vot amb relació als punts de l'ordre del dia. La delegació s'ha de fer per a una reunió concreta de la junta de propietaris i s'ha de rebre abans que comenci.

3. El vot de les persones que s'abstinguin i el vot corresponent als elements privatius de benefici comú es computen en el mateix sentit que el de la majoria assolida.

Precepte modificat per la Llei 5/2015, de 13 de maig, amb entrada en vigor a partir del 20-6-2015 (Modificat article 553-24)

Article 553-25. Règim general d'adopció d'acords

1. Només es poden adoptar acords sobre els assumptes inclosos en l'ordre del dia.

2. S'adopten per majoria simple dels propietaris que han participat en cada votació, que ha de representar, alhora, la majoria simple del total de llurs quotes de participació, els acords que fan referència a:

a) L'execució d'obres o l'establiment de serveis que tenen la finalitat de suprimir barreres arquitectòniques o la instal·lació d'ascensors, encara que l'acord comporti la modificació del títol de constitució i dels estatuts o encara que les obres o els serveis afectin l'estructura o la configuració exterior.

b) Les innovacions exigibles per a l'habitabilitat, l'accessibilitat, la seguretat de l'immoble o l'eficiència energètica o hídrica segons llur naturalesa i característiques, encara que l'acord comporti la modificació del títol de constitució i dels estatuts o afectin l'estructura o la configuració exterior.

c) L'execució de les obres per a instal·lar infraestructures comunes o equips amb la finalitat de millorar la mobilitat dels usuaris, per a connectar serveis de telecomunicacions de banda ampla o per a individualitzar el mesurament dels consums d'aigua, gas o electricitat o per a la instal·lació general de punts de recàrrega per a vehicles elèctrics encara que l'acord comporti la modificació del títol de constitució i dels estatuts.

d) L'execució de les obres per a instal·lar infraestructures comunes o equips amb la finalitat de millorar l'eficiència energètica o hídrica, així com per a instal·lar sistemes d'energies renovables i llurs elements auxiliars d'ús comú en elements comuns, encara que l'acord comporti la modificació del títol de constitució i dels estatuts o afectin l'estructura o la configuració exterior.

e) L'execució de les obres per a instal·lar infraestructures o equips amb la finalitat de millorar l'eficiència energètica o hídrica, així com per a instal·lar sistemes d'energies renovables d'utilitat particular en elements comuns, a sol·licitud dels propietaris interessats, encara que afectin l'estructura o la configuració exterior. L'acord adoptat inclou, si la instal·lació existent ho permet, l'accés d'altres propietaris sempre que abonin l'import que els hagués correspost quan es va fer la instal·lació, degudament actualitzat, així com el cost de l'adaptació necessària per tenir-hi accés. Els propietaris que vulguin tenir accés a les instal·lacions preexistents han de comunicar-ho prèviament a la presidència o a l'administració de la comunitat.

f) La participació en la generació d'energies renovables compartides amb altres comunitats de propietaris, en

l'agregació de la demanda, així com també en comunitats energètiques locals o ciutadanes d'energia, i en l'exercici dels drets derivats d'aquesta participació, encara que l'acord comporti la modificació del títol de constitució i dels estatuts.

g) Els contractes de finançament per a fer front a les despeses derivades de l'execució de les obres o de les instal·lacions previstes pels apartats anteriors.

h) Les normes del reglament de règim interior.

i) L'acord de sotmetre a mediació qualsevol qüestió pròpia del règim de la propietat horitzontal.

j) Els acords que no tinguin fixada una majoria diferent per a adoptar-los.

3. Per al càlcul de les majories es computen els vots i les quotes dels propietaris que han participat en la votació de cadascun dels punts de l'ordre del dia, sia de manera presencial, sia per representació o per delegació del vot. En els casos que un element privatiu pertanyi a diversos propietaris, aquests tenen conjuntament un únic vot indivisible per raó de la propietat del dit element privatiu. L'adopció de l'acord per majoria simple requereix que els vots i quotes a favor superin els vots i quotes en contra.

4. Els acords que modifiquin la quota de participació, els que privin qualsevol propietari de les facultats d'ús i gaudi d'elements comuns i els que determinin l'extinció del règim de la propietat horitzontal simple o complexa requereixen el consentiment exprés dels propietaris afectats.

5. Els propietaris o titulars d'un dret possessori sobre l'element privatiu, en el cas que ells mateixos o les persones amb qui hi conviuen o treballen pateixin alguna discapacitat o tinguin més de setanta anys, si no aconsegueixen que s'adoptin els acords a què fan referència les lletres a) i b) de l'apartat 2, poden demanar a l'autoritat judicial que obligui la comunitat a suprimir les barreres arquitectòniques o a fer les innovacions exigibles, sempre que siguin raonables i proporcionades, per a assolir l'accessibilitat i la transitabilitat de l'immoble en atenció a la discapacitat que les motiva.

6. Als efectes únicament de la legitimació per a la impugnació dels acords i l'exoneració del pagament de despeses per a noves instal·lacions o serveis comuns, els propietaris que no han participat en la votació es poden oposar a l'acord per mitjà d'un escrit enviat a la secretaria, per qualsevol mitjà fefaent, en el termini d'un mes d'ençà que els ha estat notificat. Si una vegada passat el mes no han tramès l'escrit d'oposició, es considera que s'adhereixen a l'acord.

Precepte modificat per la Llei 3/2023, de 16 de març, amb entrada en vigor a partir del 18-3-2023 (Modificades lletres d) i f) de l'apartat 1 de l'article 553-25)

Precepte modificat per DL 28/2021, de 21 de desembre, amb entrada en vigor a partir del 23-12-2021 (Modificat article 553-25)

Precepte modificat per la Llei 5/2015, de 13 de maig, amb entrada en vigor a partir del 20-6-2015 (Modificat article 553-25)

Article 553-25 bis. Règim simplificat d'adopció d'acords per a instal·lacions d'energies renovables

Precepte modificat per la Llei 3/2023, de 16 de març, amb entrada en vigor a partir del 18-3-2023 (Derogat article 553-25 bis)

Precepte modificat per la Llei 5/2015, de 13 de maig, amb entrada en vigor a partir del 31-12-2022 (Afegit article 553-25 bis)

Nota: Cal tenir en compte que aquest article 553-25 bis, l'afegeix la Llei 5/2015, de 13 de maig, a la seva nova redacció donada per la Llei 11/2022, de 29 de desembre (SP/LEG/39070), amb entrada en vigor a partir del 31-12-2022.

Article 553-26. Adopció d'acords per unanimitat i per majories qualificades

1. Es requereix el vot favorable de tots els propietaris amb dret a vot per a:

a) Modificar les quotes de participació.

b) Desvincular un annex.

c) Vincular l'ús exclusiu de patis, jardins, terrasses, cobertes de l'immoble o altres elements comuns a un o diversos elements privatius.

d) Cedir gratuïtament l'ús d'elements comuns que tenen un ús comú.

e) Constituir un dret de sobreelevació, subedificació i edificació sobre l'immoble.

f) Extingir el règim de propietat horitzontal, simple o complexa, i convertir-la en un tipus de comunitat diferent.

g) Acordar la integració en una propietat horitzontal complexa.

h) Sotmetre a arbitratge qualsevol qüestió relativa al règim de la propietat horitzontal, llevat que hi hagi una disposició estatutària contrària.

2. Cal el vot favorable de les quatre cinquenes parts dels propietaris amb dret a vot, que han de representar alhora les quatre cinquenes parts de les quotes de participació, per a:

a) Modificar el títol de constitució i els estatuts, llevat que hi hagi una disposició legal en sentit contrari.

b) Adoptar acords relatius a innovacions físiques en l'immoble, si n'afecten l'estructura o la configuració exterior, llevat dels supòsits regulats a les lletres b), d) i e) de l'article 553-25.2, així com els relatius a la construcció de piscines i instal·lacions recreatives.

c) Desafectar un element comú.

d) Constituir, alienar, gravar i dividir un element privatiu de benefici comú.

e) Acordar quotes especials de despeses, o un increment en la participació en les despeses comunes corresponents a un element privatiu per l'ús desproporcionat d'elements o serveis comuns, d'acord amb el que estableix l'article 553-45.4.

f) Acordar l'extinció voluntària del règim de propietat horitzontal per parcel·les.

g) La cessió onerosa de l'ús i l'arrendament d'elements comuns que tenen un ús comú per un termini superior a quinze anys.

h) Els contractes de finançament que tinguin un termini d'amortització superior a quinze anys.

3. Els acords dels apartats 1 i 2 s'entenen adoptats:

a) Si es requereix la unanimitat, quan hi han votat favorablement tots els propietaris que han participat en la votació i, en el termini d'un mes des de la notificació de l'acord, no s'hi ha oposat cap altre propietari mitjançant un escrit tramès a la secretaria per qualsevol mitjà fefaent.

b) Si es requereixen les quatre cinquenes parts, quan hi ha votat favorablement la majoria simple dels propietaris i de les quotes participants a la votació i, en el termini d'un mes des de la notificació de l'acord, s'assoleix la majoria qualificada comptant com a vot favorable la posició dels propietaris absents que, en el dit termini, no s'han oposat a l'acord mitjançant un escrit tramès a la secretaria per qualsevol mitjà fefaent.

Precepte modificat per DL 28/2021, de 21 de desembre, amb entrada en vigor a partir del 23-12-2021 (Modificat article 553-26)

Precepte modificat per la Llei 5/2015, de 13 de maig, amb entrada en vigor a partir del 20-6-2015 (Modificat article 553-26)

Article 553-27. Acta

1. El secretari ha de redactar l'acta, que s'ha d'autoritzar, amb les signatures del secretari i del president, en el termini de cinc dies a comptar de l'endemà de la reunió.

2. L'acta de la reunió s'ha de redactar almenys en català, o en aranès a Aran, i hi han de constar les dades següents:

a) La data i el lloc de celebració, el caràcter ordinari o extraordinari i el nom de la persona que n'ha fet la convocatòria.

b) L'ordre del dia.

c) La indicació de la persona que l'ha presidida i de la persona que hi ha actuat com a secretari.

d) La relació de persones que hi han assistit personalment o per representació i, si escau, de les qui deleguen.

e) Els acords adoptats, els participants en cada votació i llurs quotes respectives, i també el resultat de les votacions, amb la indicació dels qui han votat a favor, els qui han votat en contra i els qui s'han abstingut.

f) Els acords susceptibles de formació successiva, d'acord amb l'article 553-26.3.

3. El president pot requerir a un notari que aixequi acta dels acords de la reunió quan ho consideri pertinent i ho ha de fer, en tot cas, quan hi hagi una sol·licitud escrita presentada, almenys cinc dies abans de la data de la reunió, per una quarta part dels propietaris o per menys si representen la quarta part de les quotes. En aquest cas, s'ha de fer en el llibre d'actes una referència clara a la data de celebració de la reunió i al nom i la residència del notari que hi va assistir.

4. L'acta s'ha de trametre a tots els propietaris en el termini de deu dies a comptar de l'endemà de la reunió de la junta de propietaris a l'adreça comunicada per cada propietari a la secretaria o, si manca, a l'element privatiu. La tramesa es pot fer per correu postal o electrònic o per altres mitjans de comunicació, amb les mateixes garanties requerides per a la convocatòria.

5. Una vegada transcorregut el termini que fixa l'article 553-26.3, s'ha de trametre a tots els propietaris un annex a l'acta en el qual s'ha d'indicar si els acords susceptibles de formació successiva han esdevingut efectius o no, i s'ha de fer constar, així mateix, el resultat final de la votació.

Precepte modificat per la Llei 5/2015, de 13 de maig, amb entrada en vigor a partir del 20-6-2015 (Modificat article 553-27)

Article 553-28. Llibre d'actes

1. Els acords de la junta de propietaris s'han de transcriure en un llibre d'actes que s'ha de legalitzar, almenys en català, o en aranès a Aran, en el registre de la propietat que correspongui.

2. El secretari ha de custodiar els llibres d'actes de la junta de propietaris, que s'han de conservar durant trenta anys mentre existeixi el règim de propietat horitzontal o durant cinc anys des del moment en què s'hagi extingit.

Precepte modificat per la Llei 5/2015, de 13 de maig, amb entrada en vigor a partir del 20-6-2015 (Modificat article 553-28)

Article 553-29. Execució

Els acords adoptats vàlidament per la junta de propietaris, llevat que els estatuts estableixin una altra cosa, són executius des del moment en què s'adopten.

Precepte modificat per la Llei 5/2015, de 13 de maig, amb entrada en vigor a partir del 20-6-2015 (Modificat article 553-29)

Article 553-30. Vinculació dels acords

1. Els acords adoptats per la junta són obligatoris i vinculen tots els propietaris, fins i tot els dissidents.

2. No obstant el que estableix l'apartat 1, els propietaris dissidents no estan obligats a satisfer les despeses originades per les noves instal·lacions o nous serveis comuns que no siguin exigibles d'acord amb la llei si el valor total de la despesa acordada és superior a la quarta part del pressupost anual vigent de la comunitat un cop descomptades les subvencions o els ajuts públics i els costos derivats de l'obtenció de crèdit necessari amb entitats financeres. Els propietaris només poden gaudir de les noves instal·lacions o els nous serveis si satisfan l'import de les despeses d'execució i de manteniment amb l'actualització que correspongui aplicant-hi l'índex general de preus de consum.

3. Les despeses originades per la supressió de barreres arquitectòniques o la instal·lació d'ascensors i les que calguin per a garantir l'accessibilitat i l'habitabilitat de l'edifici són a càrrec de tots els propietaris si deriven d'un acord de la junta. Si deriven d'una decisió judicial conforme a l'article 553-25-5, l'autoritat judicial és qui en fixa l'import en funció de les despeses ordinàries comunes de la comunitat.

4. Les despeses originades per les obres d'instal·lació d'infraestructures o equips comuns amb la finalitat de millorar l'eficiència energètica o hídrica, així com de la instal·lació de sistemes d'energies renovables d'ús comú en elements comuns, són a càrrec de tots els propietaris si deriven de l'acord de la junta, de conformitat amb el que estableix l'article 553-25.2.d). Els propietaris dissidents, en tot cas, estan obligats si el valor total de la despesa acordada no excedeix les tres quartes parts del pressupost anual vigent de la comunitat per raó de les despeses comunes ordinàries, un cop descomptades les subvencions o els ajuts públics que els puguin correspondre per aquest concepte.

5. Els propietaris que, sense causa justificada, s'oposin a les actuacions o obres necessàries i exigides per l'autoritat competent o les demorin responen individualment de les sancions que s'imposin en via administrativa.

Precepte modificat per DL 28/2021, de 21 de desembre, amb entrada en vigor a partir del 23-12-2021 (Modificat article 553-30)

Precepte modificat per la Llei 5/2015, de 13 de maig, amb entrada en vigor a partir del 20-6-2015 (Modificat article 553-30)

Article 553-31. Impugnació

1. Els acords de la junta de propietaris es poden impugnar judicialment en els casos següents:

a) Si són contraris a les lleis, al títol de constitució o als estatuts o si, ateses les circumstàncies, impliquen un abús de dret.

b) Si són contraris als interessos de la comunitat o són greument perjudicials per a un dels propietaris.

2. Estan legitimats per a la impugnació d'un acord els propietaris que hi han votat en contra, els absents que s'hi han oposat i els que han estat privats il·legítimament del dret de vot.

3. Per a exercir l'acció d'impugnació cal estar al corrent de pagament dels deutes amb la comunitat que estiguin vençuts en el moment d'adoptar-se l'acord que es vol impugnar o haver-ne consignat l'import.

4. L'acció d'impugnació dels acords caduca en el termini d'un any en els supòsits a què fa referència l'apartat 1.a, i en el termini de tres mesos en els supòsits a què fa referència l'apartat 1.b. Els terminis es compten des de la notificació de l'acta o de l'annex de l'acta, segons que correspongui.

Precepte modificat per la Llei 5/2015, de 13 de maig, amb entrada en vigor a partir del 20-6-2015 (Modificat article 553-31)

Article 553-32. Suspensió

1. La impugnació d'un acord de la junta de propietaris no en suspèn l'executabilitat.

2. L'autoritat judicial pot adoptar les mesures cautelars que consideri convenients, fins i tot la de decretar provisionalment la suspensió de l'acord de la junta de propietaris impugnat.

Precepte modificat per la Llei 5/2015, de 13 de maig, amb entrada en vigor a partir del 20-6-2015 (Modificat article 553-32)

SECCIÓ 2a-Propietat horitzontal simple

Precepte modificat per la Llei 5/2015, de 13 de maig, amb entrada en vigor a partir del 20-6-2015 (Modificada Secció 2a del Capítol III del Títol V)

Article 553-33. Elements privatius

Només es poden configurar com a elements privatius d'un immoble els habitatges, els locals i els espais físics que poden ésser objecte de propietat separada i que tenen independència funcional perquè disposen d'accés directe o indirecte a la via pública.

Precepte modificat per la Llei 5/2015, de 13 de maig, amb entrada en vigor a partir del 20-6-2015 (Modificat article 553-33)

Article 553-34. Elements privatius de benefici comú

1. Són elements privatius de benefici comú els que, per disposició de la llei, del títol de constitució o per acord de la junta de propietaris, pertanyen a tots els propietaris en proporció a la quota i de manera inseparable de la propietat de l'element privatiu concret.

2. Els elements comuns desafectats per acord de la junta de propietaris tenen caràcter d'element privatiu de benefici comú, llevat que s'estableixi altrament.

3. L'administració i disposició d'un element privatiu de benefici comú es regeix per les normes de la propietat horitzontal.

Precepte modificat per la Llei 5/2015, de 13 de maig, amb entrada en vigor a partir del 20-6-2015 (Modificat article 553-34)

Article 553-35. Annexos

Els annexos es determinen en el títol de constitució com a espais físics o drets vinculats de manera inseparable a un element privatiu, no tenen quota especial i són de titularitat privativa a tots els efectes.

Precepte modificat per la Llei 5/2015, de 13 de maig, amb entrada en vigor a partir del 20-6-2015 (Modificat article 553-35)

Article 553-36. Ús i gaudi dels elements privatius

1. Els propietaris d'elements privatius hi poden exercir totes les facultats del dret de propietat sense cap altra restricció que les que deriven del règim de propietat horitzontal.

2. Els propietaris d'un element privatiu hi poden fer obres de conservació i de reforma sempre que no perjudiquin els altres propietaris ni la comunitat i que no disminueixin la solidesa ni l'accessibilitat de l'immoble ni alterin la configuració o l'aspecte exterior del conjunt.

3. Els propietaris que es proposin de fer obres en llur element privatiu ho han de comunicar prèviament a la presidència o a l'administració de la comunitat. Si l'obra comporta l'alteració d'elements comuns, cal l'acord de la junta de propietaris. En cas d'instal·lació d'un punt de recàrrega individual de vehicle elèctric, només cal enviar a la presidència o a l'administració el projecte tècnic amb trenta dies d'antelació a l'inici de l'obra i la certificació tècnica corresponent una vegada finalitzada la instal·lació. Dins aquest termini la comunitat pot proposar una alternativa raonable i més adequada als seus interessos generals. Si la instal·lació alternativa no es fa efectiva en el termini de dos mesos, el propietari interessat pot executar la instal·lació que havia projectat inicialment.

4. La comunitat pot exigir la reposició a l'estat originari dels elements comuns alterats sense el seu consentiment. No obstant això, s'entén que la comunitat ha donat el consentiment si l'execució de les obres és notòria, no disminueix la solidesa de l'edifici ni comporta l'ocupació d'elements comuns ni la constitució

de noves servituds i la comunitat no s'ha oposat en el termini de caducitat de quatre anys a comptar de l'acabament de les obres.

Precepte modificat per la Llei 5/2015, de 13 de maig, amb entrada en vigor a partir del 20-6-2015 (Modificat article 553-36)

Article 553-37. Disposició dels elements privatius

1. Els propietaris d'elements privatius els poden modificar, alienar i gravar i hi poden fer tota mena d'actes de disposició. Si hi estableixen servituds en benefici d'altres finques, aquestes servituds s'extingeixen en cas de destrucció o enderroc de l'edifici.

2. Els propietaris, en els casos d'arrendament o de qualsevol altra transmissió del gaudi de l'element privatiu, són responsables davant de la comunitat i de terceres persones de les obligacions derivades del règim de propietat horitzontal.

3. La persona que aliena un element privatiu ha de comunicar el canvi de titularitat a la secretaria de la comunitat. Mentre no el comuniqui respon solidàriament dels deutes envers la comunitat.

Precepte modificat per la Llei 5/2015, de 13 de maig, amb entrada en vigor a partir del 20-6-2015 (Modificat article 553-37)

Article 553-38. Obligacions de conservació i manteniment dels elements privatius

Els propietaris d'elements privatius els han de conservar en bon estat i han de mantenir els serveis i les instal·lacions que s'hi emplacin.

Precepte modificat per la Llei 5/2015, de 13 de maig, amb entrada en vigor a partir del 20-6-2015 (Modificat article 553-38)

Article 553-39. Restriccions i servituds forçoses

1. Els elements privatius estan subjectes, en benefici dels altres i de la comunitat, a les restriccions imprescindibles per a fer les obres de conservació i manteniment dels elements comuns i dels altres elements privatius, si no hi ha cap altra manera de fer-les o l'altra manera és desproporcionadament cara o carregosa.

2. La comunitat pot exigir la constitució de servituds permanents sobre els annexos dels elements d'ús privatiu si són indispensables per a l'execució dels acords de supressió de les barreres arquitectòniques o de millorament adoptats per la junta de propietaris o per a l'accés a elements comuns que no en tinguin d'altre.

3. Els propietaris d'elements privatius poden exigir la constitució de les servituds, permanents o temporals, imprescindibles per a fer-hi les obres de conservació i d'accés a xarxes generals de subministraments de serveis.

4. Els titulars de les servituds han de compensar els danys i el menyscabament que causin en els elements privatius o comuns afectats.

Precepte modificat per la Llei 5/2015, de 13 de maig, amb entrada en vigor a partir del 20-6-2015 (Modificat article 553-39)

Article 553-40. Prohibicions i restriccions d'ús dels elements privatius i comuns

1. Els propietaris i els ocupants no poden fer en els elements privatius, ni en la resta de l'immoble, activitats o actes contraris a la convivència normal en la comunitat o que malmetin o facin perillar l'immoble. Tampoc no poden dur a terme les activitats que els estatuts, la normativa urbanística o la llei exclouen o prohibeixen de manera expressa.

2. La presidència de la comunitat, si es fan les activitats o els actes a què fa referència l'apartat 1, per iniciativa pròpia o a petició d'una quarta part dels propietaris, ha de requerir fefaentment a qui els faci que deixi de fer-los. Si la persona o persones requerides persisteixen en llur activitat, la junta de propietaris pot exercir contra els propietaris i els ocupants de l'element privatiu l'acció per a fer-la cessar, que s'ha de tramitar d'acord amb les normes processals corresponents. Una vegada presentada la demanda, que s'ha

d'acompanyar amb el requeriment i el certificat de l'acord de la junta de propietaris, l'autoritat judicial ha d'adoptar les mesures cautelars que consideri convenients, entre les quals, la cessació immediata de l'activitat prohibida. En cas d'ocupació sense títol habilitant, l'acció es pot exercir contra els ocupants encara que no se'n conegui la identitat. Si les activitats o els actes contraris a la convivència o que malmetin o facin perillar l'immoble els fan els ocupants de l'element privatiu il·legítimament i sense la voluntat dels propietaris, la junta de propietaris pot denunciar els fets a l'ajuntament del seu municipi a fi que iniciï, amb l'expedient acreditatiu previ que s'han produït efectivament les activitats o els actes prohibits, el procediment que estableix l'article 44 bis de la Llei 18/2007, del 28 de desembre, del dret a l'habitatge.

3. La comunitat té dret a la indemnització pels perjudicis que se li causin i, si les activitats prohibides continuen, a instar judicialment a la privació de l'ús i gaudi de l'element privatiu per un període que no pot excedir els dos anys i, si escau, a l'extinció del contracte d'arrendament o de qualsevol altre que atribueixi als ocupants un dret sobre l'element privatiu.

Precepte modificat per la Llei 1/2023, de 15 de febrer, amb entrada en vigor a partir del 18-2-2023 (Modificats apartats 1 i 2 de l'article 553-40)

Precepte modificat per la Llei 5/2015, de 13 de maig, amb entrada en vigor a partir del 20-6-2015 (Modificat article 553-40)

Precepte modificat per la Llei L 10/2008, de 10 de juliol, amb entrada en vigor a partir de l'1-1-2009 (Substituïda l'expressió "els ocupants de l'element comú" per "els ocupants de l'element privatiu" de l'apartat 2 de l'article 553-40)

Article 553-41. Elements comuns

Són elements comuns el solar, els jardins, les piscines, les estructures, les façanes, les cobertes, els vestíbuls, les escales i els ascensors, les antenes i, en general, les instal·lacions i els serveis dels elements privatius que es destinen a l'ús comunitari o a facilitar l'ús i gaudi dels dits elements privatius.

Precepte modificat per la Llei 5/2015, de 13 de maig, amb entrada en vigor a partir del 20-6-2015 (Modificat article 553-41)

Article 553-42. Ús i gaudi dels elements comuns

1. L'ús i gaudi dels elements comuns corresponen a tots els propietaris d'elements privatius i s'ha d'adaptar a la destinació que estableixen els estatuts o a la que resulti normal i adequada a llur naturalesa, sense perjudicar l'interès de la comunitat.

2. En el cas que la junta acordi instal·lacions per a l'eficiència energètica o hídrica o de sistemes d'energia renovable per a l'ús comunitari en elements comuns on existeixin instal·lacions o sistemes d'utilitat particular prèviament autoritzades, incompatibles amb el nou acord, la comunitat assumeix la remoció i ha d'indemnitzar els danys que la remoció comporti al propietari.

Precepte modificat per DL 28/2021, de 21 de desembre, amb entrada en vigor a partir del 23-12-2021 (Modificat article 553-42)

Precepte modificat per la Llei 5/2015, de 13 de maig, amb entrada en vigor a partir del 20-6-2015 (Modificat article 553-42)

Article 553-43. Elements comuns d'ús exclusiu

1. En el títol de constitució o per acord unànime de la junta, es pot vincular a un o a diversos elements privatius l'ús exclusiu de patis, jardins, terrasses, cobertes de l'immoble o altres elements comuns. Aquesta vinculació no els fa perdre la naturalesa d'element comú.

2. Els propietaris dels elements privatius que tenen l'ús i gaudi exclusiu dels elements comuns n'assumeixen totes les despeses de conservació i manteniment i tenen l'obligació de conservar-los adequadament i mantenir-los en bon estat.

3. Els propietaris dels elements privatius que tenen l'ús exclusiu dels elements comuns poden executar obres de millora per a l'eficiència energètica o hídrica o la instal·lació de sistemes d'energies renovables en els dits elements comuns, fent-se càrrec dels costos que se'n derivin, així com de les despeses de manteniment. En tot cas, han d'enviar el projecte tècnic amb trenta dies d'antelació de l'inici de l'obra a la presidència o a l'administració. Dins aquest termini, la comunitat pot proposar una alternativa més adequada als seus interessos generals sempre que sigui raonable i proporcionada i que no comporti a les persones promotores un increment substancial del cost del projecte tècnic presentat. A falta d'alternativa, els propietaris poden dur a terme les dites obres o instal·lacions.

4. Les reparacions que es deuen a vicis de construcció o estructurals, originaris o sobrevinguts, o les reparacions que afecten i beneficien tot l'immoble, són a càrrec de la comunitat, llevat que siguin conseqüència d'un mal ús o d'una mala conservació.

Precepte modificat per DL 28/2021, de 21 de desembre, amb entrada en vigor a partir del 23-12-2021 (Modificat article 553-43)

Precepte modificat per la Llei 5/2015, de 13 de maig, amb entrada en vigor a partir del 20-6-2015 (Modificat article 553-43)

Article 553-44. Conservació i manteniment d'elements comuns

1. La comunitat ha de conservar els elements comuns de l'immoble, de manera que compleixi les condicions estructurals, d'habitabilitat, d'accessibilitat, d'estanquitat, de seguretat i d'eficiència energètica o hídrica segons la normativa vigent i ha de mantenir en funcionament correcte els serveis i les instal·lacions. Els propietaris han d'assumir les obres de conservació i reparació necessàries.

2. Els propietaris que es beneficien de la instal·lació d'infraestructures o equips de millora de l'eficiència energètica o hídrica o de sistemes de energies renovables d'utilitat particular situats en elements comuns o en elements comuns d'ús exclusiu han d'assumir la conservació i el manteniment en la seva totalitat.

Precepte modificat per DL 28/2021, de 21 de desembre, amb entrada en vigor a partir del 23-12-2021 (Modificat article 553-44)

Precepte modificat per la Llei 5/2015, de 13 de maig, amb entrada en vigor a partir del 20-6-2015 (Modificat article 553-44)

Article 553-45. Contribució al pagament de les despeses comunes

1. Els propietaris han de sufragar les despeses comunes en proporció a llur quota de participació o d'acord amb les especialitats que fixen el títol de constitució, els estatuts o els acords de la junta.

2. La manca d'ús i gaudi d'elements comuns concrets no eximeix de l'obligació de sufragar les despeses que deriven de llur manteniment, llevat que una disposició dels estatuts, que només es pot referir a serveis o elements especificats de manera concreta, estableixi el contrari i sens perjudici del que estableix l'article 553-30.2.

3. La contribució al pagament de determinades despeses sobre les quals els estatuts estableixen quotes especials diferents de les de participació, entre les quals s'inclouen les d'escales diferents, piscines i zones enjardinades, s'ha de fer d'acord amb la quota específica.

4. El títol de constitució pot establir un increment de la participació en les despeses comunes que correspon a un element privatiu concret, en el cas d'ús o gaudi especialment intensiu d'elements o serveis comuns com a conseqüència de l'exercici d'activitats empresarials o professionals en el pis o el local. Aquest increment també el pot acordar la junta de propietaris. En cap dels dos casos, l'increment no pot ésser superior al doble del que li correspondria per la quota.

Precepte modificat per la Llei 5/2015, de 13 de maig, amb entrada en vigor a partir del 20-6-2015 (Modificat article 553-45)

Article 553-46. Responsabilitat de la comunitat

1. Dels deutes contrets per raó de la comunitat en responen els crèdits i fons comuns dels propietaris i els elements privatius de benefici comú. Subsidiàriament, en responen els propietaris dels elements privatius en proporció a la quota de participació.

2. Per a embargar els fons, els crèdits i els elements privatius de benefici comú, n'hi ha prou de demandar la comunitat. Per a embargar els altres elements privatius, s'ha de requerir el pagament a tots els propietaris i demandar-los personalment.

Precepte modificat per la Llei 5/2015, de 13 de maig, amb entrada en vigor a partir del 20-6-2015 (Modificat article 553-46)

Article 553-47. Reclamació en cas d'impagament de les despeses comunes

1. La comunitat pot reclamar totes les quantitats que li siguin degudes per l'impagament de les despeses comunes, tant si són ordinàries com extraordinàries, o del fons de reserva, per mitjà del procés monitori especial aplicable a les comunitats de propietaris d'immobles en règim de propietat horitzontal que estableix la legislació processal.

2. Per a instar la reclamació n'hi ha prou amb un certificat de l'impagament de les despeses comunes, emès per qui faci les funcions de secretari de la comunitat amb el vistiplau del president. En aquest certificat hi han de constar l'existència del deute i el seu import, la manifestació que el deute és exigible i que es correspon de manera exacta amb els comptes aprovats per la junta de propietaris que consten en el llibre d'actes corresponent, i el requeriment de pagament fet al deutor.

Precepte modificat per la Llei 5/2015, de 13 de maig, amb entrada en vigor a partir del 20-6-2015 (Modificat article 553-47)

SECCIÓ 3a-Propietat horitzontal complexa

Precepte modificat per la Llei 5/2015, de 13 de maig, amb entrada en vigor a partir del 20-6-2015 (Modificada Secció 3a del Capítol III del Títol V)

Article 553-48. Configuració

1. La propietat horitzontal complexa implica la coexistència de subcomunitats integrades en un immoble o en un conjunt immobiliari format per diverses escales o portals o per una pluralitat d'edificis independents i separats que es connecten entre ells i comparteixen zones enjardinades i d'esbarjo, piscines o altres elements comuns semblants.

2. En el règim de la propietat horitzontal complexa, cada escala, portal o edifici constitueix una subcomunitat que es regeix pels preceptes de les seccions primera i segona.

3. Es poden configurar com una subcomunitat els elements privatius, situats en un o més immobles, que estan connectats entre si i que tenen independència econòmica i funcional.

Precepte modificat per la Llei 5/2015, de 13 de maig, amb entrada en vigor a partir del 20-6-2015 (Modificat article 553-48)

Article 553-49. Quotes

Cadascun dels elements privatius que integren una subcomunitat té assignada una quota particular de participació, separada de la quota general que li correspon en el conjunt de la propietat horitzontal complexa.

Precepte modificat per la Llei 5/2015, de 13 de maig, amb entrada en vigor a partir del 20-6-2015 (Modificat article 553-49)

Article 553-50. Constitució

1. La propietat horitzontal complexa es constitueix inicialment com una sola comunitat amb subcomunitats o bé com una agrupació de diverses comunitats. En aquest darrer cas, poden atorgar el títol els propietaris únics dels diversos immobles o els presidents de les respectives comunitats autoritzats per un acord previ de cada junta.

2. El títol de constitució ha de constar en una escriptura pública que ha de descriure:

a) El complex immobiliari en conjunt.

b) Cadascun dels elements privatius que el componen, amb la indicació de la subcomunitat de la qual formen part i de la quota de participació general i particular.

c) Els vials, les zones enjardinades i d'esbarjo i els altres serveis i elements comuns del complex.

3. El règim de la propietat horitzontal complexa s'inscriu en el Registre de la Propietat d'acord amb la legislació hipotecària, per mitjà d'una inscripció general en foli propi per a la propietat horitzontal complexa i, a més, en un altre foli propi per a cada subcomunitat i cada element privatiu.

Precepte modificat per la Llei 5/2015, de 13 de maig, amb entrada en vigor a partir del 20-6-2015 (Modificat article 553-50)

Article 553-51. Regulació i acords

1. En la propietat horitzontal complexa, cada subcomunitat té els seus òrgans específics i adopta els seus propis acords amb independència de les altres subcomunitats i de la comunitat general, dins de l'àmbit material que li sigui reconegut en el títol de constitució.

2. Els estatuts poden regular un consell de presidents si la complexitat del conjunt immobiliari i dels elements, els serveis i les instal·lacions comuns, el nombre d'elements privatius o altres circumstàncies ho fan aconsellable. El consell ha d'actuar de manera col·legiada per a l'administració ordinària dels elements comuns de tot el conjunt i s'ha de regir per les normes de la junta de propietaris adaptades a la seva naturalesa específica.

Precepte modificat per la Llei 5/2015, de 13 de maig, amb entrada en vigor a partir del 20-6-2015 (Modificat article 553-51)

Article 553-52. Comunitats i subcomunitats per a garatges i trasters

1. La comunitat de garatge o trasters, llevat que els estatuts estableixin una altra cosa, funciona amb independència de la comunitat general pel que fa als assumptes del seu interès exclusiu en els casos següents:

a) Si es configura en règim de comunitat com a element privatiu d'un règim de propietat horitzontal i l'adquisició d'una quota indivisa atribueix l'ús exclusiu de places d'aparcament o de trasters i la utilització de les rampes d'accés i sortida, les escales i les zones de maniobres. En aquest cas, els titulars de la quota indivisa no poden exercir l'acció de divisió de la comunitat ni gaudeixen de drets d'adquisició preferent.

b) Si les diverses places d'aparcament o els trasters d'un local d'un immoble en règim de propietat horitzontal es constitueixen com a elements privatius. En aquest cas, s'assigna a cada plaça, a més del número d'ordre i de la quota que li correspon en el règim de propietat horitzontal, un número o lletra d'identificació concrets; les rampes, les escales i les zones d'accés, maniobra i sortida dels vehicles es consideren elements comuns del garatge o el traster.

2. No hi ha subcomunitat per al local de garatge o trasters en els casos següents:

a) Si les diverses places d'aparcament o els trasters es configuren com a annexos inseparables dels elements privatius de la comunitat. En aquest cas, se'ls aplica el que estableix l'article 553-35.

b) Si el local destinat a garatge o trasters es configura com a element comú del règim de propietat horitzontal. En aquest cas, l'ús concret de les places d'aparcament o dels trasters no es pot cedir a terceres persones amb independència de l'ús de l'element privatiu respectiu.

3. Es pot constituir una subcomunitat per al local o els locals destinats a garatge o trasters si diversos immobles subjectes a règim de propietat horitzontal en comparteixen l'ús. En aquest cas, la subcomunitat forma part, a més, de cada propietat horitzontal en la projecció vertical que hi correspon. Si unes normes estatutàries concretes no estableixen el contrari, els titulars de les places tenen dret a utilitzar totes les zones d'accés, distribució, maniobra i sortida de vehicles situades al local o els locals amb independència de l'immoble concret en la vertical o la façana del qual estiguin situades.

Precepte modificat per la Llei 5/2015, de 13 de maig, amb entrada en vigor a partir del 20-6-2015 (Modificat article 553-52)

SECCIÓ 4a-Propietat horitzontal per parcel·les

Precepte modificat per la Llei 5/2015, de 13 de maig, amb entrada en vigor a partir del 20-6-2015 (Modificada Secció 4a del Capítol III del Títol V)

Article 553-53. Concepte i configuració

1. El règim de la propietat horitzontal es pot establir, per parcel·les, sobre un conjunt de finques independents que tenen la consideració de solars, edificats o no, formen part d'una actuació urbanística i participen amb caràcter inseparable d'uns elements de titularitat comuna.

2. El règim de propietat horitzontal per parcel·les es regeix, en allò que no estableixi el títol de constitució, per les normes específiques d'aquesta secció i, supletòriament, per les d'aquest capítol, d'acord amb la seva naturalesa específica i amb el que disposa la normativa urbanística aplicable.

Precepte modificat per la Llei 5/2015, de 13 de maig, amb entrada en vigor a partir del 20-6-2015 (Modificat article 553-53)

Article 553-54. Finques de titularitat privativa

1. Les finques privatives i, si escau, llurs annexos inseparables pertanyen en exclusiva a llurs titulars en el règim de propietat que els sigui aplicable.

2. Els actes d'alienació i gravamen i l'embargament de les finques privatives s'estenen de manera inseparable a la quota de participació que els correspon en els elements comuns.

3. L'alienació d'una finca privativa no dóna als propietaris de les altres cap dret d'adquisició preferent de naturalesa legal.

Precepte modificat per la Llei 5/2015, de 13 de maig, amb entrada en vigor a partir del 20-6-2015 (Modificat article 553-54)

Article 553-55. Elements comuns

1. Són elements comuns les finques, els elements immobiliaris i els serveis i les instal·lacions que es destinen a l'ús i gaudi comú que esmenta el títol de constitució, entre els quals s'inclouen les zones enjardinades i d'esbarjo, les instal·lacions esportives, els locals socials, els serveis de vigilància i, si escau, altres elements semblants.

2. Els elements comuns són inseparables de les finques privatives, a les quals estan vinculats per mitjà de la quota de participació que, expressada en centèsimes, correspon a cada finca en el conjunt.

Precepte modificat per la Llei 5/2015, de 13 de maig, amb entrada en vigor a partir del 20-6-2015 (Modificat article 553-55)

Article 553-56. Restriccions

Les restriccions a l'exercici de les facultats dominicals sobre finques privatives que imposen el títol de constitució, els estatuts, el planejament urbanístic o les lleis tenen la consideració d'elements comuns.

Precepte modificat per la Llei 5/2015, de 13 de maig, amb entrada en vigor a partir del 20-6-2015 (Modificat article 553-56)

Article 553-57. Títol de constitució

1. El títol de constitució del règim de propietat horitzontal per parcel·les ha de constar en una escriptura pública, la qual ha de contenir:

a) La descripció del conjunt en general, que ha d'incloure el nom i l'emplaçament, l'extensió, l'aprovació administrativa de l'actuació urbanística en què s'integra, les dades essencials de la llicència o de l'acord de parcel·lació, el nombre de solars que la configuren i la referència i descripció de les finques i instal·lacions comunes.

b) La relació de les obres d'urbanització i de les instal·lacions del conjunt i el sistema previst per a conservar-les i fer-ne el manteniment, i també la informació sobre la prestació de serveis no urbanístics i les altres circumstàncies que resultin del pla d'ordenació.

c) La descripció de totes les parcel·les i dels altres elements privatius, que ha d'incloure el número d'ordre; la quota general de participació i, si escau, les especials que els corresponen; la superfície; els límits, i, si escau, els espais físics o drets que en constitueixin annexos o que hi estiguin vinculats.

d) Les regles generals o específiques sobre la destinació i l'edificabilitat de les finques i la informació sobre si són divisibles.

e) Els estatuts, si n'hi ha.

f) La relació de terrenys d'ús i domini públic compresos en l'àmbit de la propietat horitzontal per parcel·les.

g) Un plànol descriptiu del conjunt, en el qual s'han d'identificar les finques privatives i els elements comuns.

2. Les determinacions urbanístiques que contingui el títol de constitució tenen efectes merament informatius.

3. No cal descriure cadascuna de les parcel·les si el règim de propietat horitzontal per parcel·les s'estableix per acord de tots o d'una part dels propietaris de parcel·les, edificades o no, situades en una unitat urbanística consolidada, que ja estan inscrites en el Registre de la Propietat com a finques independents, però s'ha fet constar, com a mínim, el número que els correspon en la urbanització, la identificació registral, la referència cadastral i els noms dels propietaris.

Precepte modificat per la Llei 5/2015, de 13 de maig, amb entrada en vigor a partir del 20-6-2015 (Modificat article 553-57)

Article 553-58. Constància registral

1. El règim de propietat horitzontal per parcel·les s'inscriu en el Registre de la Propietat d'acord amb la legislació hipotecària. S'ha de fer una inscripció general per al conjunt i una inscripció per a cada una de les finques privatives i, si escau, de les finques destinades a ús i gaudi o a serveis comuns, per a cada una de les quals s'ha d'obrir un foli especial separat.

2. Si la propietat horitzontal per parcel·les recau totalment o parcialment sobre diverses finques, se n'ha de fer una agrupació instrumental. En la nota de referència s'ha de fer constar el caràcter instrumental i s'ha de considerar, a tots els efectes, que mai no hi ha hagut comunitat. Les finques privatives es poden adjudicar directament al titular que correspongui.

3. La inscripció del règim de propietat horitzontal per parcel·les s'ha de practicar a favor dels seus integrants i, a més de les dades exigides per la legislació hipotecària, ha de contenir les que estableix l'article 553-57 que tinguin transcendència real i la referència a l'arxiu del plànol. En tots els casos, s'han de fer les notes marginals de referència a les inscripcions de les finques privatives.

4. Les inscripcions de les finques privatives han de contenir, a més de les dades exigides per la legislació hipotecària, les següents:

a) El número de parcel·la que els correspon.

b) La quota o quotes de participació.

c) El règim especial o les restriccions que les poden afectar d'una manera determinada.

d) La referència a la inscripció general i la subjecció al règim de la propietat horitzontal per parcel·les.

5. Les finques destinades a ús i gaudi o als serveis comuns s'inscriuen a favor dels integrants de la propietat horitzontal per parcel·les, sense mencionar-los de forma explícita ni fer constar les quotes que els corresponen.

6. En cas d'establiment de la propietat horitzontal per parcel·les de manera sobrevinguda, s'ha d'obrir un foli separat i independent per a la propietat horitzontal en conjunt, en el qual han de constar les circumstàncies que estableix aquest article i s'ha de fer una referència, en una nota marginal, a cada una de les inscripcions de les finques que passen a ésser privatives, en la qual s'ha de fer constar la quota que els correspon.

Precepte modificat per la Llei 5/2015, de 13 de maig, amb entrada en vigor a partir del 20-6-2015 (Modificat article 553-58)

Article 553-59. Extinció voluntària

1. L'extinció voluntària de la propietat horitzontal per parcel·les es produeix per acord de les quatre cinquenes parts dels propietaris, que han de representar les quatre cinquenes parts de les quotes de participació.

2. S'han de liquidar totalment, una vegada acordada l'extinció, les obligacions envers terceres persones i, si escau, envers els propietaris. En el procés de liquidació, la junta de propietaris ha de mantenir les seves funcions, ha de percebre les quotes endarrerides i els altres crèdits a favor de la propietat horitzontal per parcel·les, ha d'alienar, si escau, els immobles d'ús comú que s'hagi acordat d'alienar i, una vegada complertes totes les operacions, n'ha de retre comptes a tots els propietaris.»

Precepte modificat per la Llei 5/2015, de 13 de maig, amb entrada en vigor a partir del 20-6-2015 (Modificat article 553-59)

[...]

DISPOSICIONS TRANSITÒRIES

Sisena. Régim de la propietat horitzontal

1. Els edificis i els conjunts establerts en règim de propietat horitzontal abans de l'entrada en vigor d'aquest llibre es regeixen íntegrament per les normes d'aquest, que, a partir de la seva entrada en vigor, s'apliquen amb preferència a les normes de comunitat o els estatuts que les regien, fins i tot si consten inscrites, sense que sigui necessari cap acte d'adaptació específica.

2. La junta de propietaris, sens perjudici del que estableix l'apartat 1, ha d'adaptar els estatuts i, si escau, el títol de constitució a aquest codi si ho demana una desena part dels propietaris. Per a adoptar l'acord que correspon, és suficient la majoria de les quotes en primera convocatòria i la majoria de les quotes dels presents o representats en segona convocatòria. Si l'adaptació que es proposa no assoleix la majoria necessària, qualsevol dels propietaris que l'ha proposada pot demanar a l'autoritat judicial que obligui la comunitat a fer l'adaptació. L'autoritat judicial ha de dictar una resolució, en tots els casos, amb imposició de les costes.

Setena. Propietats horitzontals per parcel·les preexistents

1. Les propietats horitzontals per parcel·les existents abans de l'entrada en vigor d'aquest llibre s'han de constituir d'acord amb les normes del títol cinquè. Una vegada transcorregut el termini de cinc anys, qualsevol propietari o propietària pot demanar judicialment l'atorgament del títol.

2. Per a l'atorgament del títol, és suficient el vot favorable dels propietaris que representin dues terceres parts del total de les parcel·les concernides, però cal aportar la llicència de l'ajuntament del terme municipal

on està situada la urbanització, o bé acreditar que s'ha sol·licitat amb més de tres mesos d'anticipació respecte a l'atorgament de l'escriptura.

3. Les parcel·les o els elements privatius es poden descriure simplement fent referència a la descripció que consta en el Registre de la Propietat, assenyalant el número que els correspon en la urbanització, les dades registrals de cada una i, si escau, la referència cadastral, i també, si escau, els elements privatius destinats a l'aprofitament exclusiu de determinats propietaris.

4. La descripció dels elements comuns ha d'especificar els vials, els espais, les zones verdes i les obres d'infraestructura comunes que tingui la propietat horitzontal per parcel·les, sense que sigui imprescindible que hi consti la superfície ni la longitud dels carrers, els vials i les zones verdes.

5. S'ha d'acompanyar el títol de constitució, que s'atorga d'acord amb l'article 553-57, del plànol actualitzat de les finques que integren la propietat horitzontal per parcel·les i de les finques ocupades pels elements comuns. Si els vials han passat al domini públic, el règim de comunitat es pot constituir fins i tot si els propietaris d'un nombre no superior al 20% de les parcel·les concernides no s'hi integren.

6. Perquè les modificacions que provenen de l'adaptació del títol de constitució o de l'atorgament d'un nou títol, si escau, constin en el Registre de la Propietat, s'ha d'obrir un foli separat i independent per a la urbanització en conjunt i s'ha de fer una referència amb una nota marginal a cadascuna de les inscripcions de les finques privatives, en la qual s'ha de fer constar la quota que li correspon, d'acord amb l'article 553-58.

7. Les associacions de propietaris constituïdes legalment tenen la consideració de propietaris si els béns que gestionen són de llur propietat i llurs béns tenen la qualificació que resulta de la titularitat i la destinació que estableix el títol. Els òrgans de govern d'aquestes associacions estan legitimats per a promoure i gestionar el procés de constitució de la propietat horitzontal per parcel·les.

8. La propietat dels béns correspon particularment als membres de les associacions de propietaris d'acord amb les normes civils si els dits béns no són patrimoni de l'associació o si aquesta no està constituïda legalment.

9. L'atorgament del títol de constitució no permet ni comporta en cap cas la regularització de situacions urbanísticament irregulars i no comporta necessàriament l'extinció de les associacions de propietaris.

Nota: Cal tenir en compte el que estableix la disposició transitòria de la Llei 5/2015, de 13 de maig, respecte de propietats horitzontals per parcel·les existents abans de l'1 de juliol de 2006.

*"**Propietats horitzontals per parcel·les preexistents***

1. Les propietats horitzontals per parcel·les existents abans de l'1 de juliol de 2006 que encara no s'hagin constituït en el moment de l'entrada en vigor d'aquesta llei ho han de fer d'acord amb el que estableix aquesta llei en el termini de quatre anys. Una vegada transcorregut aquest termini, qualsevol propietari pot demanar judicialment l'atorgament del títol de constitució.

2. Per a l'atorgament del títol de constitució n'hi ha prou amb el vot favorable dels propietaris que representin dues terceres parts del total de les parcel·les afectades, però cal aportar la llicència de l'ajuntament del terme municipal on són les parcel·les, o bé acreditar que s'ha sol·licitat amb més de tres mesos d'anticipació respecte a l'atorgament de l'escriptura.

3. L'atorgament del títol de constitució no permet ni comporta en cap cas la regularització de situacions urbanísticament irregulars i no comporta necessàriament l'extinció de les associacions de propietaris".

[...]

DISPOSICIÓ FINAL

Única. Entrada en vigor

Aquesta llei entra en vigor l'1 de juliol de 2006.

códigos

Régimen Jurídico de la Propiedad Horizontal en Catalunya

Actualizado con las modificaciones de las Leyes 3/2023, de 16 de marzo y 1/2023, de 15 de febrero

Prohibida la reproducción total o parcial de esta obra, por cualquier medio o cualquier soporte sin consentimiento expreso del propietario del copyright. Diríjase a CEDRO (Centro Español de Derechos Reprográficos, www.cedro.org) si necesita fotocopiar o escanear algún fragmento de esta obra.

© Editorial Jurídica sepín, S. L.
A FORUM MEDIA GROUP COMPANY
Septiembre 2024

C/ Mahón, 8
28290 Las Rozas (Madrid)
Tel.: 91 352 75 51
www.sepin.es
sac@sepin.es

ISBN: 978-84-1053-844-3
Depósito legal: M-22096-2024

Producción gráfica: sepín, S. L.
Impresión: Service Point, S. L.

Ley 5/2006, de 10 de mayo, de libro quinto del Código civil de Cataluña, relativo a los derechos reales

(DOGC n.º 4640, de 24 de mayo de 2006)

(BOE n.º 148, de 22 de junio de 2006)

Corrección de errores (DOGC n.º 4655, de 15 de junio de 2006)

PREÁMBULO

I. Finalidad

El derecho civil tiene un papel clave en la configuración de Cataluña como sociedad moderna porque permite adaptar el marco jurídico a la realidad de hoy y satisfacer las necesidades cotidianas de los ciudadanos, que, de acuerdo con aquel, pueden ejercer plenamente su libertad en el ámbito privado. Es por ello que tiene, además, una significación especial como elemento de identificación nacional y como instrumento de cohesión social.

La recuperación de las instituciones políticas operada en el año 1980 por el Estatuto de autonomía ha permitido que, en un cuarto de siglo, el Parlamento de Cataluña haya realizado una tarea legislativa intensa, en un proceso de modernización del derecho civil tradicional que ha sido ampliamente participativo, progresivo y constante, lo cual lo ha dotado de la solidez que era precisa para superar las interpretaciones restrictivas de las competencias exclusivas que correspondían a la Generalidad en materia de conservación, modificación y desarrollo del derecho civil catalán.

Este proceso, iniciado con la Ley 13/1984, de 20 de marzo, de reforma de la Compilación del derecho civil de 1960, ha continuado a lo largo de varias legislaturas. Los hitos más relevantes han sido la aprobación del Código de sucesiones, por la Ley 40/1991, de 30 de diciembre; del Código de familia, por la Ley 9/1998, y de la Ley 10/1998, de uniones estables de pareja, ambas de 15 de julio, y de la Ley 29/2002, de 30 de diciembre, primera ley del Código civil de Cataluña, la cual establece su estructura y elaboración en forma de código abierto, que es preciso construir a partir de un proceso continuado y que en el futuro puede adaptarse de forma flexible a las necesidades sociales y a los avances de la ciencia jurídica de cada momento.

La finalidad de la presente ley es aprobar el libro quinto del Código civil de Cataluña, relativo a los derechos reales, como un paso más en la construcción del nuevo sistema jurídico privado catalán y en su proceso codificador.

II. Los principios

El presente código aporta una regulación nueva, propia de Cataluña, de instituciones fundamentales en el derecho de cosas, como son la posesión, la propiedad y las situaciones de comunidad, especialmente la llamada propiedad horizontal, e introduce la regulación de los derechos de vuelo y de hipoteca.

Por otra parte, refunde y modifica parcialmente la legislación aprobada por el Parlamento en materia de derecho de cosas y le da unidad interna. Esta legislación comprende un total de seis leyes, desde la Ley 6/1990, de 16 de marzo, de los censos, hasta la Ley 19/2002, de 5 de julio, de derechos reales de garantía.

La regulación del libro quinto, a pesar de que mantiene, actualizadas profundamente, instituciones tradicionales en el derecho catalán, algunas de ascendencia romana, como son el usufructo y sus diminutivos o las servidumbres, y otras de origen medieval, como son los derechos de censo o la medianería, pone el acento en los aspectos más innovadores, como son una regulación breve y ordenada del hecho posesorio y de sus consecuencias jurídicas, una regulación de los límites y limitaciones de la propiedad conforme a la cultura jurídica actual, la regulación de la propiedad horizontal como instrumento que facilita el acceso al derecho fundamental a la vivienda o la regulación de los derechos de superficie, de vuelo o de opción.

El presente código parte de los principios básicos de libertad civil, que se manifiesta dejando a la autonomía de la voluntad un campo muy amplio de actuación en la constitución y configuración de los derechos reales limitados y de las situaciones de comunidad, en la limitación de los derechos de tanteo y retracto legales a los casos indispensables y en el establecimiento de una regulación de los derechos reales limitados que casi siempre es subsidiaria del pacto entre las partes; de protección de los consumidores y, en general, de las personas en situación de necesidad, que se manifiesta sobre todo en la normativa de la propiedad horizontal y en todo lo que tiene relación con la regulación de los edificios con una pluralidad de viviendas; de la buena fe, que se presume siempre y que se manifiesta en la regulación de la posesión, de los títulos de adquisición y de la accesión y, en general, en el hecho de que nunca se otorga protección jurídica a quien actúa de mala fe; de promoción de la seguridad jurídica preventiva, que se manifiesta en la utilización equilibrada de los instrumentos notariales y de los registros públicos en los supuestos en que el interés público y la trascendencia de los intereses de terceros hace aconsejable su uso; y de la función social de la propiedad, que se manifiesta en la regulación con carácter general de las restricciones al derecho de propiedad y de las relaciones de vecindad y en la superación del principio de unanimidad en la gestión de las situaciones de comunidad.

Finalmente, el presente código tiene muy presente que sus disposiciones tienen carácter de derecho común en Cataluña. Por ello, cuando es pertinente, subraya su profunda imbricación con la normativa, a menudo calificada de administrativa, que configura la propiedad moderna, tan imbuida de su función social, como es el caso de las normas urbanísticas o de vivienda, agrarias, forestales y medioambientales, y del patrimonio cultural.

III. La estructura y el contenido

La presente ley, con un solo artículo, aprueba el libro quinto del Código civil de Cataluña, relativo a los derechos reales, y contiene veinte disposiciones transitorias, una disposición derogatoria y una disposición final.

El libro quinto está formado por 382 artículos. De acuerdo con la Primera ley del Código civil, el libro quinto se distribuye en títulos, concretamente en seis, que establecen unas disposiciones generales sobre los bienes (título I) y regulan la posesión (título II), la adquisición y extinción de los derechos reales (título III), el derecho de propiedad (título IV), las situaciones de comunidad (título V) y los derechos reales limitados (título VI). Cada uno de los títulos, excepto el primero, se divide en capítulos, veinticinco en total, y estos en secciones y subsecciones.

El título I está configurado por algunos artículos, de carácter introductorio y general, sobre el régimen jurídico de los bienes, cuyo concepto se toma en un sentido amplio, de modo que incluye los derechos y, de acuerdo con la tradición jurídica catalana más reciente, establece que los animales no tienen la consideración de cosas y están bajo la protección de las leyes.

El título II contiene la regulación de la posesión, considerada como un mecanismo primario de publicidad de derechos que el presente código protege para preservar la paz civil partiendo de la base de que la posesión debe tener como efecto principal el derecho a continuar poseyendo. También regula los criterios de liquidación de la situación posesoria, para el caso en que los poseedores que tienen su posesión efectiva la pierdan a favor de otras personas que demuestren que tienen un mejor derecho. Finalmente, configura la adquisición de buena fe de bienes muebles como mecanismo transmisor del derecho sobre el bien poseído.

El título III regula la adquisición y extinción del derecho real. Regula la tradición en concordancia con los títulos de adquisición, configurando el sistema transmisor-adquisitivo de acuerdo con la teoría del título y del modo vigente tradicionalmente en el ordenamiento jurídico catalán. También regula la donación, a la que reconoce la consideración de título de adquisición, junto con la sucesión, el contrato, la ocupación, la accesión y la usucapión. A pesar de ello, las donaciones por razón de matrimonio o entre cónyuges y las donaciones por causa de muerte se mantienen, por ahora, en el Código de familia y en el Código de sucesiones. En cuanto a la usucapión, este título reduce los plazos de la posesión para usucapir a tres años para los bienes muebles y a veinte para los inmuebles y regula su interrupción y suspensión.

En este mismo título, el capítulo II regula la extinción de los derechos reales con carácter general por causa de pérdida total y sobrevenida del bien, de consolidación y de renuncia.

El título IV establece una regulación general del derecho de propiedad que, cuando es adquirida legalmente, otorga a sus titulares el derecho a usar de forma plena y exclusiva los bienes que constituyen su objeto y a disfrutar y disponer de ellos, pero siempre de acuerdo con su función social y dentro de los límites y con las restricciones establecidas por las leyes.

Asimismo, el título IV regula los títulos adquisitivos exclusivos del derecho de propiedad, con una simplificación notable del texto de la Ley 25/2001, de 31 de diciembre, de la accesión y la ocupación, y el título exclusivo de pérdida de este derecho, es decir, el abandono. También establece la normativa civil de la acción reivindicatoria, como exponente de la protección del derecho en caso de expolio, y de las acciones negatorias, de cierre de fincas y de delimitación y amojonamiento, como acciones relativas a la facultad de exclusión.

Finalmente, el capítulo V regula las restricciones del ejercicio del derecho de propiedad de acuerdo con su función social. Cuando las establecen las leyes, constituyen los límites del derecho de propiedad si son en interés de la comunidad y constituyen sus limitaciones si son en interés de particulares indeterminados, normalmente los vecinos, incluidos en este caso los copropietarios de los inmuebles sometidos al régimen de propiedad horizontal. En ambos casos las restricciones afectan a la disponibilidad o al ejercicio del derecho, no necesitan un acto expreso de constitución y no otorgan derecho a indemnización. En cambio, las restricciones establecidas por la autonomía de la voluntad en interés privado constituyen los derechos reales limitados y se rigen por la autonomía de la voluntad. Dado que los límites se regulan por remisión a leyes especiales, a las situaciones de comunidad especiales y a los derechos reales limitados, el capítulo VI de este título regula las relaciones de contigüidad, el estado de necesidad y las inmisiones, con las actualizaciones y simplificaciones sobre la Ley 13/1990, de 8 de julio, de la acción negatoria, las inmisiones, las servidumbres y las relaciones de vecindad, que la doctrina y la práctica jurídica han hecho aconsejables.

El título V regula las llamadas situaciones de comunidad, tanto con relación a la comunidad ordinaria, es decir, el condominio indiviso de raíz romana, respecto al cual se establecen algunas novedades, sobre todo en materia de división de la comunidad de bienes, como con relación a las situaciones que resultan del régimen jurídico voluntario de la propiedad horizontal.

Esta regulación es, precisamente, una de las novedades de más trascendencia social del Código, dado que la propiedad horizontal ha permitido, en los últimos cincuenta años, una extraordinaria generalización del derecho de propiedad, hasta el punto de convertirse en uno de los instrumentos jurídicos fundamentales que garantizan el acceso de los ciudadanos a la propiedad de la vivienda. La regulación, que parte de la base de la existencia de un inmueble unitario en el que concurren más de un titular y que está compuesto simultáneamente de bienes privativos y bienes comunes relacionados entre ellos de modo inseparable por la cuota o el coeficiente, adopta, actualizándolo, el modelo de la Ley 49/1960, de 21 de julio, sobre propiedad horizontal, vigente en el momento de la aprobación de la presente ley, pero introduce varias mejoras, entre las cuales la sistemática no es la menos trascendente. Así, el capítulo III, que regula la propiedad horizontal, se distribuye en cuatro secciones. La primera contiene las disposiciones generales, con la configuración de la comunidad, el título de constitución, en cuya regulación se garantizan al máximo los derechos de los futuros adquirentes de pisos o locales, y el funcionamiento de la junta de propietarios, detallado, claro y adaptado a las necesidades que la experiencia de los años y la evolución de la legislación hacían imprescindibles, entre las que destaca la limitación del principio de unanimidad a casos muy puntuales. Las secciones segunda y tercera regulan la propiedad horizontal simple y la compleja, esta última adecuada a los conjuntos inmobiliarios con varios edificios pero con zonas comunitarias, como son piscinas o zonas de recreo. Es preciso destacar también la regulación de las zonas comunes de uso privativo y de los elementos privativos de uso común, el establecimiento de la acción de cesación sobre determinadas actividades y la exclusión de los derechos de tanteo y retracto para los locales con garajes y otros usos similares. La sección cuarta regula la propiedad horizontal por parcelas y, de acuerdo con la práctica jurídica, extiende los principios de la normativa a las mal llamadas urbanizaciones privadas.

El capítulo IV contiene una regulación de la comunidad especial por turnos, que es diferente de la regulación de los turnos de apartamentos para vacaciones que rige la Directiva 94/47/CE, de 26 de octubre, y que es compatible con la misma, porque este capítulo se limita a bienes unitarios y excluye de forma expresa la

aplicación a los supuestos a que se refiere la normativa europea. El título se cierra con la regulación de la medianería.

El título VI, el más extenso del libro con mucha diferencia, regula los derechos reales limitados de usufructo, uso y habitación; de aprovechamiento parcial, superficie, censo enfitéutico y vitalicio, servidumbre, vuelo, opción, tanteo y retracto, incluidos los retractos legales de colindantes y el gentilicio del Valle de Arán conocido como tornería; los derechos de retención, prenda y anticresis, y, finalmente, algunas especialidades del derecho de hipoteca resultantes de las especificidades del derecho catalán.

Los derechos de usufructo, uso y habitación se regulan de acuerdo con la Ley 13/2000, de 20 de noviembre, de regulación de los derechos de usufructo, uso y habitación, a pesar de que se introducen mejoras de técnica jurídica, se introduce el usufructo de propietario y se modifica el régimen del usufructo de participaciones en fondos de inversión y en otros instrumentos de inversión colectiva para adecuarlos a la realidad de un mercado que no siempre produce incrementos de valor. La regulación de los derechos de aprovechamiento parcial, auténtico cajón de sastre de aprovechamientos diversos que pueden ser útiles para promover la conservación de los bosques y de los espacios naturales mediante una explotación racional, agrupa las antiguas servidumbres personales. El derecho de superficie se regula de acuerdo con la Ley 22/2001, de 31 de diciembre, de regulación de los derechos de superficie, de servidumbre y de adquisición voluntaria o preferente, aunque se establece la necesidad de la escritura pública para su constitución y se subraya que, al extinguirse, las construcciones o plantaciones revierten en los titulares del suelo.

Los derechos de censo, enfitéutico y vitalicio se regulan siguiendo la Ley 6/1990, en la que se introduce una norma de procedimiento para la reclamación de las pensiones, se armonizan los plazos y se fija de una forma más comprensible el valor de la redención. Las servidumbres se regulan de acuerdo con la Ley 22/2001, sin otras modificaciones que las sistemáticas y las necesarias para la armonización del texto en el Código, mientras que la regulación del derecho de vuelo, como derecho real sobre un edificio o un solar edificado ajeno que atribuye a quienes son sus titulares la facultad de construir una planta o más, encima o debajo del inmueble gravado, y de hacer suya la propiedad de las nuevas construcciones, es nueva y tiene por objetivo delimitar con claridad la distinción entre los derechos de superficie, que comportan la propiedad separada de forma temporal, y este, que es un instrumento para facilitar la construcción de plantas o edificios sometidos al régimen de propiedad horizontal y comporta una división definitiva de la propiedad.

La regulación de los derechos de adquisición introduce modificaciones técnicas y sistemáticas a la de la Ley 22/2001, con el objetivo de dar respuesta a algunas cuestiones que esta dejaba abiertas tanto con relación a la conservación y pérdida del objeto sobre el que recae la adquisición como con relación a la cancelación de cargas constituidas entre la constitución y el ejercicio del derecho de opción. El capítulo VIII también incorpora los derechos de retracto de colindantes, al que solo tienen derecho los propietarios colindantes de fincas de superficie inferior a la unidad mínima de cultivo que tengan la consideración de cultivador directo y personal, y el de la tornería, exclusivo y propio del territorio del Valle de Arán, que solo se aplica a fincas rústicas y casas solariegas.

Finalmente, la regulación de los derechos reales de garantía del capítulo IX se hace siguiendo la Ley 19/2002, aunque se simplifica la normativa concerniente al derecho de retención, e introduciendo la regulación de la hipoteca para supuestos específicos del derecho catalán a los que la legislación hipotecaria no daba hasta ahora la solución adecuada, como es el caso de los bienes sometidos a fideicomisos, de la hipoteca en garantía de pensiones compensatorias derivadas de sentencias de separación o divorcio y de pensiones por alimentos, o de la subrogación en el pago de la pensión periódica o censal en caso de finca hipotecada en garantía de este.

Las disposiciones transitorias de la presente ley establecen el régimen de las usucapiones iniciadas antes de la entrada en vigor del libro quinto del Código; la subsistencia de la acción negatoria nacida y no ejercida antes; la adaptación de las propiedades horizontales constituidas antes, incluidas las urbanizaciones, que se hace de la manera menos formalista y costosa posible, y el régimen de los derechos reales limitados anteriores a su entrada en vigor. Se mantienen, también, normativas transitorias para los censos y las rabasses mortes constituidas antes de la entrada en vigor de la Ley 6/1990 y de la Ley 22/2001, bien entendido que las normas que establecían estas leyes para facilitar la extinción y redención de estos derechos son su activo práctico principal.

Igualmente, la presente ley contiene una disposición derogatoria y una disposición final. La primera deroga varias leyes y la segunda establece la entrada en vigor de la presente ley.

[...]

TÍTULO V-De las situaciones de comunidad

CAPÍTULO III-Régimen jurídico de la propiedad horizontal

Precepto modificado por Ley 5/2015, de 13 de mayo, con entrada en vigor a partir del 20-6-2015 (Modificado Capítulo III del Título V)

SECCIÓN 1.ª-Disposiciones generales

Precepto modificado por Ley 5/2015, de 13 de mayo, con entrada en vigor a partir del 20-6-2015 (Modificada Sección 1.ª del Capítulo III del Título V)

SUBSECCIÓN 1.ª-Configuración de la comunidad

Precepto modificado por Ley 5/2015, de 13 de mayo, con entrada en vigor a partir del 20-6-2015 (Modificada Subsección 1.ª de la Sección 1.ª del Capítulo III del Título V)

Artículo 553-1. Definición

1. El régimen jurídico de la propiedad horizontal implica, para los propietarios, el derecho de propiedad en exclusiva sobre los elementos privativos y en comunidad con los demás propietarios sobre los elementos comunes.

2. El régimen jurídico de la propiedad horizontal requiere el otorgamiento del título de constitución y supone:

a) La existencia, presente o futura, de uno o más titulares de la propiedad de al menos un inmueble integrado por elementos privativos y elementos comunes.

b) La determinación de la cuota de participación en los elementos comunes que corresponde a cada elemento privativo.

c) La configuración de una organización para el ejercicio de los derechos y el cumplimiento de los deberes de los propietarios.

3. Los elementos comunes son inseparables de los elementos privativos. Los actos de enajenación y gravamen y el embargo de los elementos privativos se extienden a la participación que les corresponde en los elementos comunes.

4. El régimen de la propiedad horizontal excluye la acción de división sobre los elementos comunes y los derechos de adquisición preferente de carácter legal entre propietarios de diferentes elementos privativos. Esta exclusión no afecta a las situaciones de comunidad indivisa sobre los elementos privativos.

Precepto modificado por Ley 5/2015, de 13 de mayo, con entrada en vigor a partir del 20-6-2015 (Modificado artículo 553-1)

Artículo 553-2. Objeto

1. Pueden ser objeto de propiedad horizontal los edificios y cualesquiera otros inmuebles, incluso en construcción, en los que coexistan elementos privativos, constituidos por viviendas, locales o espacios físicos susceptibles de independencia funcional y de atribución a diferentes propietarios, con elementos comunes, necesarios para el uso y disfrute adecuado de los privativos.

2. Puede constituirse un régimen de propiedad horizontal en los casos de coexistencia en suelo, vuelo o subsuelo de edificaciones o usos privados y dominio público, de puertos deportivos con relación a los puntos de amarre, de mercados con relación a las paradas, de cementerios con relación a las sepulturas y en otros

semejantes. Estas situaciones se rigen por los preceptos del presente capítulo adaptados a la naturaleza específica de cada caso y por la normativa administrativa que les es de aplicación.

Precepto modificado por Ley 5/2015, de 13 de mayo, con entrada en vigor a partir del 20-6-2015 (Modificado artículo 553-2)

Artículo 553-3. Cuota

1. La cuota de participación:

a) Determina y concreta la participación que corresponde a los elementos privativos sobre la propiedad de los elementos comunes.

b) Sirve de módulo para fijar la participación en las cargas, los beneficios, la gestión y el gobierno de la comunidad y los derechos de los propietarios en caso de extinción del régimen.

c) Establece la distribución de los gastos y el reparto de los ingresos, salvo pacto en contrario.

2. Las cuotas de participación correspondientes a los elementos privativos se expresan en porcentaje sobre el total del inmueble y se fijan proporcionalmente a la superficie y ponderando el uso, el destino y los demás datos físicos y jurídicos de los bienes que integran la comunidad.

3. Las cuotas de participación se determinan y se modifican por acuerdo unánime de los propietarios o, si este no es posible, por medio de la autoridad judicial o de un procedimiento de resolución extrajudicial de conflictos.

4. Pueden establecerse, además de la cuota de participación, cuotas especiales para determinados gastos.

Precepto modificado por Ley 5/2015, de 13 de mayo, con entrada en vigor a partir del 20-6-2015 (Modificado artículo 553-3)

Artículo 553-4. Créditos y deudas

1. Todos los propietarios son titulares mancomunados, tanto de los créditos constituidos a favor de la comunidad como de las deudas contraídas válidamente en su gestión, de acuerdo con las respectivas cuotas de participación.

2. El importe de la contribución de cada propietario a los gastos comunes, ordinarios y extraordinarios, y al fondo de reserva es el que resulta del acuerdo de la junta y de la liquidación de la deuda según la cuota que corresponda.

3. Los créditos de la comunidad contra los propietarios por los gastos comunes, ordinarios y extraordinarios, y por el fondo de reserva correspondientes a la parte vencida del año en curso y a los cuatro años inmediatamente anteriores, contados del 1 de enero al 31 de diciembre, tienen preferencia de cobro sobre el elemento privativo con la prelación que determine la ley.

4. Los créditos devengan intereses desde el momento en que debe efectuarse el pago correspondiente y este no se hace efectivo.

Precepto modificado por Ley 5/2015, de 13 de mayo, con entrada en vigor a partir del 20-6-2015 (Modificado artículo 553-4)

Nota: Téngase en cuenta que la preferencia de cobro regulada por el artículo 553-4.3 en la redacción establecida por la Ley 5/2015, solo se aplica a los créditos que se reclamen judicialmente o a las transmisiones que se produzcan a partir del 20 de junio de 2015, conforme establece el apartado 3 de la disposición final de la citada ley (SP/LEG/17692).

Artículo 553-5. Afección real

1. Los elementos privativos están afectados con carácter real y responden del pago de los importes que deben los titulares, así como los anteriores titulares, por razón de los gastos comunes, ordinarios o extraordinarios, y por el fondo de reserva, que correspondan a la parte vencida del año en curso y a los cuatro años inmediatamente anteriores, contados del 1 de enero al 31 de diciembre, sin perjuicio, si procede, de la responsabilidad de quien transmite.

2. Los transmitentes de un elemento privativo deben declarar que están al corriente de los pagos que les corresponden o, si procede, deben especificar los que tienen pendientes y deben aportar un certificado relativo al estado de sus deudas con la comunidad, expedido por quien ejerce la secretaría, en el que deben constar, además, los gastos comunes, ordinarios y extraordinarios, y las aportaciones al fondo de reserva aprobados pero pendientes de vencimiento. Sin esta manifestación y esta aportación no puede otorgarse la escritura pública, salvo que las partes renuncien expresamente a ellas. En cualquier caso, sin perjuicio de la afección real establecida por el apartado 1, el transmitente responde de la deuda que tiene con la comunidad en el momento de la transmisión.

3. El certificado a que se refiere el apartado 2 no requiere el visto bueno de la presidencia si la administración de la comunidad la lleva un profesional que ejerce la secretaría.

Precepto modificado por Ley 5/2015, de 13 de mayo, con entrada en vigor a partir del 20-6-2015 (Modificado artículo 553-5)

Nota: Téngase en cuenta que la afección real de los elementos privativos regulada por el artículo 553-5.1 en la redacción establecida por la Ley 5/2015, solo se aplica a los créditos que se reclamen judicialmente o a las transmisiones que se produzcan a partir del 20 de junio de 2015, conforme establece el apartado 3 de la disposición final de la citada ley (SP/LEG/17692).

Artículo 553-6. Fondo de reserva

1. En el presupuesto de la comunidad debe figurar una cantidad no inferior al 5 % de los gastos comunes destinada a la constitución de un fondo de reserva.

2. La titularidad del fondo de reserva es de todos los propietarios y el fondo queda afectado a la comunidad sin que ningún propietario tenga derecho a reclamar su devolución en el momento de la enajenación del elemento privativo.

3. El fondo de reserva debe figurar en contabilidad separada y debe depositarse en una cuenta bancaria especial a nombre de la comunidad. Los administradores solo pueden disponer de él, con la autorización de la presidencia, para atender gastos de la comunidad imprevistos de carácter urgente o, con la autorización de la junta de propietarios, para hacer frente a las obras extraordinarias de conservación, reparación, rehabilitación, instalación de nuevos servicios comunes y seguridad, así como para las que sean exigibles de acuerdo con las normativas especiales.

4. Los remanentes del fondo de reserva de cada año se acumulan en el fondo del año siguiente.

Precepto modificado por Ley 5/2015, de 13 de mayo, con entrada en vigor a partir del 20-6-2015 (Modificado artículo 553-6)

SUBSECCIÓN 2.ª-Constitución de la comunidad

Precepto modificado por Ley 5/2015, de 13 de mayo, con entrada en vigor a partir del 20-6-2015 (Modificada Subsección 1.ª de la Sección 1.ª del Capítulo III del Título V)

Artículo 553-7. Establecimiento del régimen

1. El inmueble se somete al régimen de propiedad horizontal desde el otorgamiento del título de constitución, aunque la construcción no esté terminada.

2. El título de constitución se inscribe en el Registro de la Propiedad de conformidad con la legislación hipotecaria y a los efectos que esta legislación establece.

Precepto modificado por Ley 5/2015, de 13 de mayo, con entrada en vigor a partir del 20-6-2015 (Modificado artículo 553-7)

Artículo 553-8. Legitimación

1. Están legitimados para el establecimiento del régimen de la propiedad horizontal el propietario o propietarios del inmueble que lo sean en el momento del otorgamiento del título de constitución.

2. El promotor que haya transmitido una cuota indivisa del inmueble no puede hacer uso de la facultad que le concede el artículo 552-11.4. En este caso, cualquier adquiriente puede exigir el otorgamiento inmediato del título de constitución de acuerdo con el proyecto por el que se ha obtenido la licencia correspondiente.

3. Cuando el propietario del inmueble que ha enajenado elementos privativos en un documento privado otorga la correspondiente escritura pública, debe reseñar el título de constitución e incorporar a ella los estatutos y demás normas de la comunidad.

Precepto modificado por Ley 5/2015, de 13 de mayo, con entrada en vigor a partir del 20-6-2015 (Modificado artículo 553-8)

Artículo 553-9. Escritura de constitución y constancia en el Registro de la Propiedad

1. El título de constitución del régimen de propiedad horizontal debe constar en una escritura pública, que en todo caso debe contener:

a) La descripción del inmueble en conjunto, que debe indicar si está terminado o no, y la relación de los elementos, instalaciones y servicios comunes de que dispone.

b) La descripción de todos los elementos privativos, con el correspondiente número de orden interno en el inmueble, la cuota general de participación y, si procede, las especiales que les corresponden, así como la superficie útil, la situación, los límites, la planta, el destino y, si procede, los espacios físicos o los derechos que constituyan sus anexos o vinculaciones.

c) Un plano descriptivo del inmueble.

d) Los estatutos, si existen.

e) Las reservas de derechos o facultades, si existen, establecidas a favor del promotor o de los constituyentes del régimen.

f) La previsión, si procede, de formación de subcomunidades.

2. Los preceptos del presente capítulo se aplican en todo lo no establecido por el título de constitución.

3. En la misma escritura de constitución o en otra previa, es preciso que se declare la obra nueva de acuerdo con lo establecido por la legislación hipotecaria y las demás normas que sean de aplicación.

4. El régimen de la propiedad horizontal se inscribe en el Registro de la Propiedad de acuerdo con la legislación hipotecaria, por medio de una inscripción general para el inmueble y de tantos folios como fincas privativas existan.

5. Las estipulaciones establecidas en la constitución del régimen, o en cualquier otro documento, que impliquen una reserva de la facultad de modificación unilateral del título de constitución a favor del constituyente, o que le permitan decidir en el futuro asuntos de competencia de la junta de propietarios, son nulas.

Precepto modificado por Ley 5/2015, de 13 de mayo, con entrada en vigor a partir del 20-6-2015 (Modificado artículo 553-9)

Artículo 553-10. Modificación del título de constitución

1. Para modificar el título de constitución es preciso el acuerdo de la junta de propietarios y que la escritura observe los requisitos del artículo 553-9 que sean de aplicación a la modificación de que se trate.

2. No es preciso el acuerdo de la junta de propietarios para la modificación del título de constitución si la motivan los siguientes hechos:

a) El ejercicio de un derecho de vuelo, sobreelevación, subedificación y edificación si se ha previsto así al constituir el régimen o el derecho.

b) Las agrupaciones, agregaciones, segregaciones y divisiones de los elementos privativos o las desvinculaciones de anexos, si los estatutos así lo establecen.

c) Las alteraciones del destino de los elementos privativos, salvo que los estatutos las prohíban expresamente.

d) La ejecución de actuaciones ordenadas por la Administración pública de conformidad con la legislación vigente en materia urbanística, de habitabilidad, de accesibilidad y sobre rehabilitación, regeneración y renovación urbanas.

3. La formalización de las operaciones de modificación, incluso la de la suma o redistribución de las cuotas afectadas, corresponde a los titulares de los derechos o propietarios de elementos privativos implicados en lo que resulte o sea consecuencia de las operaciones de modificación realizadas al amparo de lo establecido por el apartado 2.

Precepto modificado por Ley 5/2015, de 13 de mayo, con entrada en vigor a partir del 20-6-2015 (Modificado artículo 553-10)

Artículo 553-11. Estatutos

1. Los estatutos regulan los aspectos referentes al régimen jurídico real de la comunidad y pueden contener reglas sobre las siguientes cuestiones:

a) El destino, uso y aprovechamiento de los elementos privativos y de los elementos comunes.

b) Las limitaciones de uso y demás cargas de los elementos privativos.

c) El ejercicio de los derechos y el cumplimiento de las obligaciones.

d) La aplicación de gastos e ingresos y la distribución de cargas y beneficios.

e) Los órganos de gobierno complementarios de los establecidos por el presente código y sus competencias.

f) La forma de gestión y administración.

2. Son válidas las siguientes cláusulas estatutarias, entre otras:

a) Las que permiten las operaciones de agrupación, agregación, segregación y división de elementos privativos y las de desvinculación de anexos con creación de nuevas entidades sin consentimiento de la junta de propietarios. En este caso, las cuotas de participación de las fincas resultantes se fijan por la suma o la distribución de las cuotas de los elementos privativos afectados.

b) Las que exoneran a determinados propietarios de elementos privativos de la obligación de satisfacer los gastos de conservación de elementos comunes concretos, que pueden incluir las del portal, la escalera, los ascensores, los jardines, las zonas de recreo y demás espacios semejantes.

c) Las que establecen la utilización exclusiva y, si procede, el cierre de una parte del solar, o de las cubiertas o de cualquier otro elemento común o parte determinada de este en favor de algún elemento privativo.

d) Las que permiten el uso o el disfrute de elementos comunes mediante la colocación de carteles de publicidad.

e) Las que limitan las actividades que pueden realizarse en los elementos privativos.

f) Las que prevén la resolución de los conflictos mediante el arbitraje o la mediación para cualquier cuestión del régimen de la propiedad horizontal.

3. Las normas de los estatutos que no estén inscritas en el Registro de la Propiedad no perjudican a terceros de buena fe.

Precepto modificado por Ley 5/2015, de 13 de mayo, con entrada en vigor a partir del 20-6-2015 (Modificado artículo 553-11)

Artículo 553-12. Reglamento de régimen interior

1. El reglamento de régimen interior, que no puede oponerse a los estatutos, contiene las reglas internas referentes a las relaciones de convivencia y buena vecindad entre los propietarios y a la utilización de los elementos de uso común y de las instalaciones.

2. El reglamento de régimen interior obliga siempre a los propietarios y usuarios de los elementos privativos.

Precepto modificado por Ley 5/2015, de 13 de mayo, con entrada en vigor a partir del 20-6-2015 (Modificado artículo 553-12)

Artículo 553-13. Constitución y reserva del derecho de vuelo

1. La constitución o la reserva expresa del derecho para sobreelevar, subedificar o edificar en el mismo solar del inmueble a favor de los constituyentes o de terceras personas es válida si la establece el título de constitución del régimen de propiedad horizontal.

2. Los titulares del derecho de vuelo están facultades para edificar a su cargo de acuerdo con el título de constitución del derecho, para hacer suyos los elementos privativos que resultan de él y para otorgar, solos y a su cargo, las correspondientes declaraciones o ampliaciones de obra nueva y, si se ha previsto al constituir el régimen o el derecho, la modificación de la división horizontal. El ejercicio sucesivo del derecho con la construcción de la nueva edificación supone la redistribución de las cuotas de participación, que llevan a cabo los titulares de los derechos reservados de acuerdo con el presente código y con el título de constitución, sin necesidad del consentimiento de la junta de propietarios.

3. La constitución o la reserva a que se refiere el apartado 1 solo es válida si consta en una cláusula específica y el derecho se constituye de acuerdo con el artículo 567-2.

Precepto modificado por Ley 5/2015, de 13 de mayo, con entrada en vigor a partir del 20-6-2015 (Modificado artículo 553-13)

Artículo 553-14. Extinción del régimen

1. El régimen de propiedad horizontal se extingue voluntariamente por acuerdo unánime de la junta de propietarios de conversión en otro tipo de comunidad o por decisión del propietario único. El acuerdo o decisión requiere el consentimiento de los titulares de derechos reales sobre los elementos privativos o comunes afectados. En cualquier caso, se presume otorgado el consentimiento si el titular del derecho real no ha manifestado su oposición al acuerdo o decisión en el plazo de un mes a contar de la fecha en que se le haya notificado.

2. El régimen de propiedad horizontal se extingue en los supuestos de destrucción, declaración de ruina y expropiación forzosa del inmueble. Sin embargo, en el título de constitución puede estipularse que el régimen no se extinga pese a la destrucción o la declaración de ruina para proceder a la rehabilitación o reconstrucción del inmueble a cargo de los propietarios.

Precepto modificado por Ley 5/2015, de 13 de mayo, con entrada en vigor a partir del 20-6-2015 (Modificado artículo 553-14)

SUBSECCIÓN 3.ª-Órganos de la comunidad

Precepto modificado por Ley 5/2015, de 13 de mayo, con entrada en vigor a partir del 20-6-2015 (Modificada Subsección 3.ª de la Sección 1.ª del Capítulo III del Título V)

Artículo 553-15. Organización de la comunidad

1. Los órganos de la comunidad son la presidencia, la secretaría y la junta de propietarios. Los dos primeros son unipersonales. El cargo de la presidencia debe ser ejercido por un propietario. La secretaría puede ser ejercida por un propietario o por la persona externa a la comunidad que asuma las funciones de administración.

2. La comunidad puede encargar la administración a un profesional externo que cumpla las condiciones profesionales legalmente exigibles. En este caso, las funciones de administración incluyen también las de secretaría.

3. Los cargos son designados por la junta de propietarios, ante la cual responden de sus actuaciones. También puede designarlos el promotor del inmueble, en cuyo caso ejercen hasta la primera reunión de la junta de propietarios.

4. Los cargos son reelegibles, duran un año y se entienden prorrogados hasta que se celebre la junta ordinaria siguiente al vencimiento del plazo para el que se designaron.

5. El ejercicio de los cargos es obligatorio, a pesar de que la junta de propietarios puede considerar la alegación de motivos de excusa fundamentados. La designación se efectúa, en defecto de candidatos, por un turno rotatorio o por sorteo entre las personas que no han ejercido el cargo.

6. Los cargos no son remunerados, salvo que recaigan en personas ajenas a la comunidad, en cuyo caso pueden serlo. En cualquier caso, se tiene el derecho a resarcirse de los gastos ocasionados por el ejercicio del cargo.

7. Los estatutos pueden regular la creación de otros órganos, además de los establecidos por el apartado 1.

8. En la designación de los cargos no debe producirse ningún tipo de discriminación por razón de sexo, orientación sexual, origen o creencias ni por ningún otro motivo.

9. En los casos en que el número de propietarios sea inferior a tres, y mientras se mantenga esta situación, el régimen de funcionamiento de la organización de la comunidad es el que el artículo 552-7 establece para la comunidad ordinaria indivisa.

Precepto modificado por Ley 5/2015, de 13 de mayo, con entrada en vigor a partir del 20-6-2015 (Modificado artículo 553-15)

Artículo 553-16. Presidencia

1. Corresponden a la presidencia las siguientes funciones:

a) Convocar y presidir las reuniones de la junta de propietarios.

b) Representar a la comunidad judicial y extrajudicialmente.

c) Elevar a públicos los acuerdos, si procede.

d) Velar por el buen funcionamiento de la comunidad y por el cumplimiento de los deberes del secretario y del administrador.

e) Cualesquiera otras funciones que establezca la ley.

2. La junta de propietarios puede designar un vicepresidente, que ejerce las funciones de la presidencia en caso de muerte, imposibilidad, ausencia o incapacidad de su titular. También puede ejercer las funciones que la presidencia le haya delegado expresamente.

Precepto modificado por Ley 5/2015, de 13 de mayo, con entrada en vigor a partir del 20-6-2015 (Modificado artículo 553-16)

Artículo 553-17. Secretaría

El secretario extiende las actas de las reuniones, realiza las notificaciones, expide los certificados y custodia, durante cinco años como mínimo, las convocatorias, las comunicaciones, los poderes, la documentación contable y los demás documentos relevantes de las reuniones y de la comunidad. La custodia y la teneduría de los libros de actas son reguladas por el artículo 553-28.

Precepto modificado por Ley 5/2015, de 13 de mayo, con entrada en vigor a partir del 20-6-2015 (Modificado artículo 553-17)

Artículo 553-18. Administración

1. El administrador gestiona los asuntos ordinarios de la comunidad y ejerce las siguientes funciones:

a) Tomar las medidas convenientes y hacer los actos necesarios para conservar los bienes y el funcionamiento correcto de los servicios de la comunidad.

b) Velar por que los propietarios cumplan las obligaciones y hacerles las advertencias pertinentes.

c) Preparar las cuentas anuales del ejercicio precedente y el presupuesto.

d) Ejecutar los acuerdos de la junta de propietarios y efectuar los cobros y pagos que correspondan.

e) Decidir la ejecución de las obras de conservación y reparación de carácter urgente, de todo lo cual debe dar cuenta inmediatamente a la presidencia.

f) Pagar, con autorización de la presidencia, los gastos de carácter urgente que pueden correr a cargo del fondo de reserva.

g) Las demás funciones que expresamente le sean delegadas por la junta de propietarios o atribuidas por la ley.

2. El administrador es responsable de su actuación ante la junta de propietarios.

Precepto modificado por Ley 5/2015, de 13 de mayo, con entrada en vigor a partir del 20-6-2015 (Modificado artículo 553-18)

Artículo 553-19. Junta de propietarios

1. La junta de propietarios, integrada por todos los propietarios de elementos privativos, es el órgano supremo de la comunidad.

2. La junta de propietarios tiene las competencias no atribuidas expresamente a otros órganos y, como mínimo, las siguientes:

a) El nombramiento y remoción de las personas que deben ocupar u ocupan los cargos de la comunidad.

b) La modificación del título de constitución.

c) La aprobación y modificación de los estatutos y del reglamento de régimen interior.

d) La aprobación de los presupuestos y de las cuentas anuales.

e) La aprobación de la realización de reparaciones de carácter ordinario no presupuestadas y de las de carácter extraordinario y de mejora, de su importe y de la imposición de derramas para su financiación.

f) El establecimiento o modificación de los criterios generales para fijar o modificar cuotas.

g) La extinción voluntaria del régimen.

Precepto modificado por Ley 5/2015, de 13 de mayo, con entrada en vigor a partir del 20-6-2015 (Modificado artículo 553-19)

Artículo 553-20. Reuniones

1. La junta de propietarios debe reunirse, de forma ordinaria, una vez al año para aprobar las cuentas y el presupuesto y para elegir a las personas que deben ejercer los cargos.

2. La junta de propietarios debe reunirse cuando lo considere conveniente el presidente y cuando lo solicite, como mínimo, una cuarta parte de los propietarios o los que representen una cuarta parte de las cuotas de participación.

3. Los estatutos pueden establecer la convocatoria de reuniones especiales para tratar de cuestiones que afecten solo a propietarios determinados o, si procede, a las subcomunidades.

4. La junta de propietarios puede reunirse sin convocatoria si concurren a ella todos los propietarios y acuerdan por unanimidad la celebración de la reunión y su orden del día.

Precepto modificado por Ley 5/2015, de 13 de mayo, con entrada en vigor a partir del 20-6-2015 (Modificado artículo 553-20)

Artículo 553-21. Convocatorias

1. La presidencia convoca las reuniones de la junta de propietarios. En caso de vacante, inactividad o negativa de la presidencia, puede convocar la reunión la vicepresidencia o, en caso de vacante, inactividad o negativa de esta, los propietarios que promueven la reunión de acuerdo con el artículo 553-20.2.

2. Las convocatorias, citaciones y notificaciones, salvo que los estatutos establezcan expresamente otra cosa, deben enviarse, con una antelación mínima de ocho días naturales, a la dirección comunicada por el propietario a la secretaría. El envío puede hacerse por correo postal o electrónico, o por otros medios de comunicación, siempre y cuando se garantice la autenticidad de la comunicación y de su contenido. Si el propietario no ha comunicado dirección alguna, deben enviarse al elemento privativo del que es titular. Además, el anuncio de la convocatoria debe publicarse con la misma antelación en el tablón de anuncios de la comunidad o en un lugar visible habilitado a tal efecto. Dicho anuncio produce el efecto de notificación efectiva cuando la personal no ha tenido éxito.

3. En el caso de juntas extraordinarias para tratar de asuntos urgentes, tan solo es preciso que los propietarios hayan podido tener conocimiento de las convocatorias, citaciones y notificaciones antes de la fecha en que deba celebrarse la reunión.

4. La convocatoria de la reunión de la junta de propietarios debe expresar de forma clara y detallada:

a) El orden del día. Si la reunión se convoca a petición de propietarios promotores, deben constar en él los puntos que proponen. El orden del día incluye, entre otros asuntos, los propuestos por escrito a la presidencia, antes de la convocatoria, por cualquiera de los propietarios.

b) El día, el lugar y la hora de la reunión.

c) La advertencia que, con relación a los acuerdos a que se refiere el artículo 553-26, los votos de los propietarios que no asisten a la reunión se computan en el sentido del acuerdo tomado por la mayoría, sin perjuicio de su derecho de oposición.

d) La lista de los propietarios con deudas pendientes con la comunidad por razón de las cuotas, los cuales, de conformidad con el artículo 553-24, tienen voz pero no tienen derecho de voto, de todo lo cual es preciso advertir.

5. La documentación relativa a los asuntos a tratar debe enviarse a los propietarios junto a la convocatoria, o bien debe indicarse el lugar donde se halla a su disposición. Si las funciones de administración de la comunidad las realiza un profesional externo, este debe tener dicha documentación a disposición de los propietarios desde el momento en que se envía la convocatoria.

Precepto modificado por Ley 5/2015, de 13 de mayo, con entrada en vigor a partir del 20-6-2015 (Modificado artículo 553-21)

Artículo 553-22. Asistencia

1. El derecho de asistencia a la junta corresponde a los propietarios, los cuales asisten personalmente o por representación legal, orgánica o voluntaria, que debe acreditarse por escrito. Los estatutos pueden establecer, o la junta de propietarios puede acordar, que pueda asistirse por videoconferencia o por otros medios telemáticos de comunicación sincrónica similares.

2. El derecho de asistencia incluye el derecho de voz y el derecho de voto en la junta de propietarios, sin perjuicio de lo establecido por el artículo 553-24.

3. En caso de comunidad de un elemento privativo, los cotitulares designan a uno para que ejerza el derecho a asistir a la junta de propietarios.

4. En el usufructo se entiende que los nudos propietarios, si no consta su manifestación en contra, son representados por los usufructuarios. La representación debe ser expresa si deben adoptarse acuerdos sobre el título de constitución, los estatutos y las obras extraordinarias o de mejora.

Precepto modificado por Ley 5/2015, de 13 de mayo, con entrada en vigor a partir del 20-6-2015 (Modificado artículo 553-22)

Artículo 553-23. Constitución

1. La junta de propietarios se constituye válidamente sea cual sea el número de propietarios que concurran y las cuotas de las que sean titulares o representantes.

2. La junta de propietarios, si no asisten el presidente ni el vicepresidente, designa a un propietario entre los asistentes para que la presida.

3. La junta de propietarios, si no asiste el secretario, designa a uno entre los asistentes.

Precepto modificado por Ley 5/2015, de 13 de mayo, con entrada en vigor a partir del 20-6-2015 (Modificado artículo 553-23)

Artículo 553-24. Derecho de voto

1. Tienen derecho a votar en la junta los propietarios que no tengan deudas pendientes con la comunidad cuando la junta se reúne. Los propietarios que tengan deudas pendientes con la comunidad tienen derecho

a votar si acreditan que han consignado judicial o notarialmente su importe o que las han impugnado judicialmente.

2. El derecho de voto se ejerce de las siguientes formas:

a) Personalmente.

b) Por representación, de acuerdo con lo establecido por el artículo 553-22.1.

c) Por delegación en otro propietario, efectuada mediante un escrito que designe nominativamente a la persona delegada y en el que puede indicarse el sentido del voto con relación a los puntos del orden del día. La delegación debe efectuarse para una reunión concreta de la junta de propietarios y debe recibirse antes de que comience.

3. El voto de las personas que se abstengan y el voto correspondiente a los elementos privativos de beneficio común se computan en el mismo sentido que el de la mayoría conseguida.

Precepto modificado por Ley 5/2015, de 13 de mayo, con entrada en vigor a partir del 20-6-2015 (Modificado artículo 553-24)

Artículo 553-25. Régimen general de adopción de acuerdos

1. Solo se pueden adoptar acuerdos sobre los asuntos incluidos en el orden del día.

2. Se adoptan por mayoría simple de los propietarios que han participado en cada votación, que tiene que representar, al mismo tiempo, la mayoría simple del total de sus cuotas de participación, los acuerdos que hacen referencia a:

a) La ejecución de obras o el establecimiento de servicios que tienen la finalidad de suprimir barreras arquitectónicas o la instalación de ascensores, aunque el acuerdo comporte la modificación del título de constitución y de los estatutos o aunque las obras o los servicios afecten a la estructura o la configuración exterior.

b) Las innovaciones exigibles para la habitabilidad, accesibilidad, seguridad del inmueble o eficiencia energética o hídrica según su naturaleza y características, aunque el acuerdo comporte la modificación del título de constitución y de los estatutos o afecten a la estructura o a la configuración exterior.

c) La ejecución de las obras para instalar infraestructuras comunes o equipos con la finalidad de mejorar la movilidad de los usuarios, para conectar servicios de telecomunicaciones de banda ancha o para individualizar la medición de los consumos de agua, gas o electricidad o para la instalación general de puntos de recarga para vehículos eléctricos aunque el acuerdo comporte la modificación del título de constitución y de los estatutos.

d) La ejecución de las obras para instalar infraestructuras comunes o equipos con el fin de mejorar la eficiencia energética o hídrica, así como para instalar sistemas de energías renovables y sus elementos auxiliares de uso común en elementos comunes, aunque el acuerdo comporte la modificación del título de constitución y de los estatutos o afecten a la estructura o la configuración exterior.

e) La ejecución de las obras para instalar infraestructuras o equipos con la finalidad de mejorar la eficiencia energética o hídrica, así como para instalar sistemas de energías renovables de utilidad particular en elementos comunes, a solicitud de los propietarios interesados, aunque afecten a la estructura o a la configuración exterior. El acuerdo adoptado incluye, si la instalación existente lo permite, el acceso de otros propietarios siempre que abonen el importe que les hubiera correspondido cuando se hizo la instalación, debidamente actualizado, así como el coste de la adaptación necesaria para tener acceso. Los propietarios que quieran tener acceso a las instalaciones preexistentes tienen que comunicarlo previamente a la presidencia o a la administración de la comunidad.

f) La participación en la generación de energías renovables compartidas con otras comunidades de propietarios, en la agregación de la demanda, así como también en comunidades energéticas locales o ciudadanas de energía, y en el ejercicio de los derechos derivados de esta participación, aunque el acuerdo comporte la modificación del título de constitución y de los estatutos.

g) Los contratos de financiación para hacer frente a los gastos derivados de la ejecución de las obras o de las instalaciones previstas en los apartados anteriores.

h) Las normas del reglamento de régimen interior.

i) El acuerdo de someter a mediación cualquier cuestión propia del régimen de la propiedad horizontal.

j) Los acuerdos que no tengan fijados una mayoría diferente para adoptarlos.

3. Para el cálculo de las mayorías se computan los votos y las cuotas de los propietarios que han participado en la votación de cada uno de los puntos del orden del día, sea de manera presencial, sea por representación o por delegación del voto. En los casos que un elemento privativo pertenezca a varios propietarios, estos tienen conjuntamente un único voto indivisible en razón de la propiedad de dicho elemento privativo. La adopción del acuerdo por mayoría simple requiere que los votos y cuotas a favor superen los votos y cuotas en contra.

4. Los acuerdos que modifiquen la cuota de participación, los que priven a cualquier propietario de las facultades de uso y disfrute de elementos comunes y los que determinen la extinción del régimen de la propiedad horizontal simple o compleja requieren el consentimiento expreso de los propietarios afectados.

5. Los propietarios o titulares de un derecho posesorio sobre el elemento privativo, en caso de que ellos mismos o las personas con quienes conviven o trabajan sufran alguna discapacidad o sean mayores de setenta años, si no consiguen que se adopten los acuerdos a qué hacen referencia las letras a) y b) del apartado 2, pueden pedir a la autoridad judicial que obligue a la comunidad a suprimir las barreras arquitectónicas o a hacer las innovaciones exigibles, siempre que sean razonables y proporcionadas, para alcanzar la accesibilidad y transitabilidad del inmueble en atención a la discapacidad que las motiva.

6. A los efectos únicamente de la legitimación para la impugnación de los acuerdos y la exoneración del pago de gastos para nuevas instalaciones o servicios comunes, los propietarios que no han participado en la votación se pueden oponer al acuerdo por medio de un escrito enviado a la secretaría, por cualquier medio fehaciente, en el plazo de un mes desde que les ha sido notificado. Si una vez pasado el mes no han enviado el escrito de oposición, se considera que se adhieren al acuerdo.

Precepto modificado por Ley 3/2023, de 16 de marzo, con entrada en vigor a partir del 18-3-2023 (Modificadas letras d) y f) del apartado 1 del artículo 553-25)

Precepto modificado por Decreto ley 28/2021, de 21 de diciembre, con entrada en vigor a partir del 23-12-2021 (Modificado artículo 553-25)

Precepto modificado por Ley 5/2015, de 13 de mayo, con entrada en vigor a partir del 20-6-2015 (Modificado artículo 553-25)

Artículo 553-25 bis. Régimen simplificado de adopción de acuerdos para instalaciones de energías renovables

Precepto modificado por Ley 3/2023, de 16 de marzo, con entrada en vigor a partir del 18-3-2023 (Derogado artículo 553-25 bis)

Precepto modificado por Ley 5/2015, de 13 de mayo, con entrada en vigor a partir del 31-12-2022 (Añadido artículo 553-25 bis)

Nota: Téngase en cuenta que el presente artículo 553-25 bis, se añade por la Ley 5/2015, de 13 de mayo, en su nueva redacción dada por la Ley 11/2022, de 29 de diciembre (SP/LEG/39070), con entrada en vigor a partir del 31-12-2022.

Artículo 553-26. Adopción de acuerdos por unanimidad y por mayorías cualificadas

1. Se requiere el voto favorable de todos los propietarios con derecho al voto para:

a) Modificar las cuotas de participación.

b) Desvincular un anexo.

c) Vincular el uso exclusivo de patios, jardines, terrazas, cubiertas del inmueble u otros elementos comunes a uno o varios elementos privativos.

d) Ceder gratuitamente el uso de elementos comunes que tienen un uso común.

e) Constituir un derecho de sobreelevación, subedificación y edificación sobre el inmueble.

f) Extinguir el régimen de propiedad horizontal, simple o compleja, y convertirla en un tipo de comunidad diferente.
g) Acordar la integración en una propiedad horizontal compleja.
h) Someter a arbitraje cualquier cuestión relativa al régimen de la propiedad horizontal, a menos que haya una disposición estatutaria contraria.
2. Es necesario el voto favorable de las cuatro quintas partes de los propietarios con derecho al voto, que tienen que representar al mismo tiempo las cuatro quintas partes de las cuotas de participación, para:
a) Modificar el título de constitución y los estatutos, salvo que exista una disposición legal en sentido contrario.
b) Adoptar acuerdos relativos a innovaciones físicas en el inmueble, si afectan a su estructura o configuración exterior, salvo los supuestos regulados en las letras b), d) y e) del artículo 553-25.2, así como los relativos a la construcción de piscinas e instalaciones recreativas.
c) Desafectar un elemento común.
d) Constituir, enajenar, gravar y dividir un elemento privativo de beneficio común.
e) Acordar cuotas especiales de gastos, o un incremento en la participación en los gastos comunes correspondientes a un elemento privativo por el uso desproporcionado de elementos o servicios comunes, de acuerdo con lo que establece el artículo 553-45.4.
f) Acordar la extinción voluntaria del régimen de propiedad horizontal por parcelas.
g) La cesión onerosa del uso y el arrendamiento de elementos comunes que tienen un uso común por un plazo superior a quince años.
h) Los contratos de financiación que tengan un plazo de amortización superior a quince años.
3. Los acuerdos de los apartados 1 y 2 se entienden adoptados:
a) Si se requiere la unanimidad, cuando han votado favorablemente todos los propietarios que han participado en la votación y, en el plazo de un mes desde la notificación del acuerdo, no se ha opuesto ningún otro propietario mediante un escrito enviado a la secretaría por cualquier medio fehaciente.
b) Si se requieren las cuatro quintas partes, cuando ha votado favorablemente la mayoría simple de los propietarios y de las cuotas participantes a la votación y, en el plazo de un mes desde la notificación del acuerdo, se alcanza la mayoría cualificada contando como voto favorable la posición de los propietarios ausentes que, en dicho plazo, no se han opuesto al acuerdo mediante un escrito enviado a la secretaría por cualquier medio fehaciente.

Precepto modificado por Decreto ley 28/2021, de 21 de diciembre, con entrada en vigor a partir del 23-12-2021 (Modificado artículo 553-26)

Precepto modificado por Ley 5/2015, de 13 de mayo, con entrada en vigor a partir del 20-6-2015 (Modificado artículo 553-26)

Artículo 553-27. Acta

1. El secretario debe redactar el acta, que debe autorizarse, con las firmas del secretario y del presidente, en el plazo de cinco días a contar desde el día después de la reunión.

2. El acta de la reunión debe redactarse al menos en catalán, o en aranés en Arán, y deben constar en ella los siguientes datos:

a) La fecha y el lugar de celebración, el carácter ordinario o extraordinario y el nombre de la persona que ha realizado la convocatoria.

b) El orden del día.

c) La indicación de la persona que la ha presidido y de la persona que ha actuado como secretario.

d) La relación de personas que han asistido personalmente o por representación y, si procede, de las que delegan.

e) Los acuerdos adoptados, los participantes en cada votación y sus cuotas respectivas, así como el resultado de las votaciones, con la indicación de los que han votado a favor, los que han votado en contra y los que se han abstenido.

f) Los acuerdos susceptibles de formación sucesiva, de acuerdo con el artículo 553-26.3.

3. El presidente puede requerir a un notario que levante acta de los acuerdos de la reunión cuando lo considere pertinente y lo debe hacer, en todo caso, cuando haya una solicitud escrita presentada, al menos cinco días antes de la fecha de la reunión, por una cuarta parte de los propietarios o por menos si representan la cuarta parte de las cuotas. En este caso, debe hacerse en el libro de actas una referencia clara a la fecha de celebración de la reunión y al nombre y la residencia del notario que asistió a ella.

4. El acta debe enviarse a todos los propietarios en el plazo de diez días a contar desde el día después de la reunión de la junta de propietarios a la dirección comunicada por cada propietario a la secretaría o, en su defecto, al elemento privativo. El envío puede realizarse por correo postal o electrónico o por otros medios de comunicación, con las mismas garantías requeridas para la convocatoria.

5. Una vez transcurrido el plazo fijado por el artículo 553-26.3, debe enviarse a todos los propietarios un anexo al acta en el que debe indicarse si los acuerdos susceptibles de formación sucesiva han devenido efectivos o no, y debe hacerse constar, asimismo, el resultado final de la votación.

Precepto modificado por Ley 5/2015, de 13 de mayo, con entrada en vigor a partir del 20-6-2015 (Modificado artículo 553-27)

Artículo 553-28. Libro de actas

1. Los acuerdos de la junta de propietarios deben transcribirse en un libro de actas que debe legalizarse, al menos en catalán, o en aranés en Arán, en el registro de la propiedad que corresponda.

2. El secretario debe custodiar los libros de actas de la junta de propietarios, que deben conservarse durante treinta años mientras exista el régimen de propiedad horizontal o durante cinco años desde el momento en que se haya extinguido.

Precepto modificado por Ley 5/2015, de 13 de mayo, con entrada en vigor a partir del 20-6-2015 (Modificado artículo 553-28)

Artículo 553-29. Ejecución

Los acuerdos adoptados válidamente por la junta de propietarios, salvo que los estatutos establezcan otra cosa, son ejecutivos desde el momento en que se adoptan.

Precepto modificado por Ley 5/2015, de 13 de mayo, con entrada en vigor a partir del 20-6-2015 (Modificado artículo 553-29)

Artículo 553-30. Vinculación de los acuerdos

1. Los acuerdos adoptados por la junta son obligatorios y vinculan a todos los propietarios, incluso a los disidentes.

2. No obstante lo que establece el apartado 1, los propietarios disidentes no están obligados a satisfacer los gastos originados por las nuevas instalaciones o nuevos servicios comunes que no sean exigibles de acuerdo con la ley si el valor total del gasto acordado es superior a la cuarta parte del presupuesto anual vigente de la comunidad una vez descontadas las subvenciones o las ayudas públicas y los costes derivados de la obtención de crédito necesario con entidades financieras. Los propietarios solo pueden disfrutar de las nuevas instalaciones o los nuevos servicios si satisfacen el importe de los gastos de ejecución y de mantenimiento con la actualización que corresponda aplicando el índice general de precios de consumo.

3. Los gastos originados por la supresión de barreras arquitectónicas o la instalación de ascensores y los que hagan falta para garantizar la accesibilidad y la habitabilidad del edificio son a cargo de todos los propietarios si derivan de un acuerdo de la junta. Si derivan de una decisión judicial conforme al artículo 553-25-5, la autoridad judicial es quien fija el importe en función de los gastos ordinarios comunes de la comunidad.

4. Los gastos originados por las obras de instalación de infraestructuras o equipos comunes con la finalidad de mejorar la eficiencia energética o hídrica, así como de la instalación de sistemas de energías renovables de uso común en elementos comunes, son a cargo de todos los propietarios si derivan del acuerdo de la junta, de conformidad con lo establecido en el artículo 553-25.2.d). Los propietarios disidentes, en todo caso, están obligados si el valor total del gasto acordado no excede las tres cuartas partes del presupuesto anual

vigente de la comunidad en razón de los gastos comunes ordinarios, una vez descontadas las subvenciones o las ayudas públicas que les puedan corresponder por este concepto.

5. Los propietarios que, sin causa justificada, se opongan a las actuaciones u obras necesarias y exigidas por la autoridad competente o las demoren responden individualmente de las sanciones que se impongan en vía administrativa.

Precepto modificado por Decreto ley 28/2021, de 21 de diciembre, con entrada en vigor a partir del 23-12-2021 (Modificado artículo 553-30)

Precepto modificado por Ley 5/2015, de 13 de mayo, con entrada en vigor a partir del 20-6-2015 (Modificado artículo 553-30)

Artículo 553-31. Impugnación

1. Los acuerdos de la junta de propietarios pueden impugnarse judicialmente en los siguientes casos:

a) Si son contrarios a las leyes, al título de constitución o a los estatutos o si, dadas las circunstancias, implican un abuso de derecho.

b) Si son contrarios a los intereses de la comunidad o son gravemente perjudiciales para uno de los propietarios.

2. Están legitimados para la impugnación de un acuerdo los propietarios que han votado en contra, los ausentes que se han opuesto y los que han sido privados ilegítimamente del derecho de voto.

3. Para ejercer la acción de impugnación es preciso estar al corriente de pago de las deudas con la comunidad que estén vencidas en el momento de la adopción del acuerdo que desee impugnarse o haber consignado su importe.

4. La acción de impugnación de los acuerdos caduca en el plazo de un año en los supuestos a que se refiere el apartado 1.a y en el plazo de tres meses en los supuestos a que se refiere el apartado 1.b. Los plazos se cuentan desde la notificación del acta o del anexo del acta, según proceda.

Precepto modificado por Ley 5/2015, de 13 de mayo, con entrada en vigor a partir del 20-6-2015 (Modificado artículo 553-31)

Artículo 553-32. Suspensión

1. La impugnación de un acuerdo de la junta de propietarios no suspende su ejecutabilidad.

2. La autoridad judicial puede adoptar las medidas cautelares que considere convenientes, incluso la de decretar provisionalmente la suspensión del acuerdo de la junta de propietarios impugnado.

Precepto modificado por Ley 5/2015, de 13 de mayo, con entrada en vigor a partir del 20-6-2015 (Modificado artículo 553-32)

SECCIÓN 2.ª-Propiedad horizontal simple

Precepto modificado por Ley 5/2015, de 13 de mayo, con entrada en vigor a partir del 20-6-2015 (Modificada Sección 2.ª del Capítulo III del Título V)

Artículo 553-33. Elementos privativos

Solo pueden configurarse como elementos privativos de un inmueble las viviendas, los locales y los espacios físicos que pueden ser objeto de propiedad separada y que tienen independencia funcional porque disponen de acceso directo o indirecto a la vía pública.

Precepto modificado por Ley 5/2015, de 13 de mayo, con entrada en vigor a partir del 20-6-2015 (Modificado artículo 553-33)

Artículo 553-34. Elementos privativos de beneficio común

1. Son elementos privativos de beneficio común los que, por disposición de la ley, del título de constitución o por acuerdo de la junta de propietarios, pertenecen a todos los propietarios en proporción a la cuota y de modo inseparable de la propiedad del elemento privativo concreto.

2. Los elementos comunes desafectados por acuerdo de la junta de propietarios tienen carácter de elemento privativo de beneficio común, salvo que se establezca otra cosa.

3. La administración y disposición de un elemento privativo de beneficio común se rige por las normas de la propiedad horizontal.

Precepto modificado por Ley 5/2015, de 13 de mayo, con entrada en vigor a partir del 20-6-2015 (Modificado artículo 553-34)

Artículo 553-35. Anexos

Los anexos se determinan en el título de constitución como espacios físicos o derechos vinculados de modo inseparable a un elemento privativo, no tienen cuota especial y son de titularidad privativa a todos los efectos.

Precepto modificado por Ley 5/2015, de 13 de mayo, con entrada en vigor a partir del 20-6-2015 (Modificado artículo 553-35)

Artículo 553-36. Uso y goce de los elementos privativos

1. Los propietarios de elementos privativos pueden ejercer todas las facultades del derecho de propiedad sin ninguna otra restricción que las que derivan del régimen de propiedad horizontal.

2. Los propietarios de un elemento privativo pueden hacer obras de conservación y de reforma siempre y cuando no perjudiquen a los demás propietarios ni a la comunidad y que no disminuyan la solidez ni la accesibilidad del inmueble ni alteren la configuración o el aspecto exterior del conjunto.

3. Los propietarios que se propongan hacer obras en su elemento privativo deben comunicarlo previamente a la presidencia o a la administración de la comunidad. Si la obra supone la alteración de elementos comunes, es preciso el acuerdo de la junta de propietarios. En caso de instalación de un punto de recarga individual de vehículo eléctrico, solo es preciso enviar a la presidencia o a la administración el proyecto técnico con treinta días de antelación al inicio de la obra y la certificación técnica correspondiente una vez finalizada la instalación. Dentro de este plazo la comunidad puede proponer una alternativa razonable y más adecuada a sus intereses generales. Si la instalación alternativa no se hace efectiva en el plazo de dos meses, el propietario interesado puede ejecutar la instalación que había proyectado inicialmente.

4. La comunidad puede exigir la reposición al estado originario de los elementos comunes alterados sin su consentimiento. Sin embargo, se entiende que la comunidad ha dado su consentimiento si la ejecución de las obras es notoria, no disminuye la solidez del edificio ni supone la ocupación de elementos comunes ni la constitución de nuevas servidumbres y la comunidad no se ha opuesto en el plazo de caducidad de cuatro años a contar desde la finalización de las obras.

Precepto modificado por Ley 5/2015, de 13 de mayo, con entrada en vigor a partir del 20-6-2015 (Modificado artículo 553-36)

Artículo 553-37. Disposición de los elementos privativos

1. Los propietarios de elementos privativos los pueden modificar, enajenar y gravar y pueden hacer con ellos todo tipo de actos de disposición. Si establecen servidumbres en beneficio de otras fincas, estas servidumbres se extinguen en caso de destrucción o derribo del edificio.

2. Los propietarios, en los casos de arrendamiento o de cualquier otra transmisión del disfrute del elemento privativo, son responsables ante la comunidad y terceras personas de las obligaciones derivadas del régimen de propiedad horizontal.

3. La persona que enajena un elemento privativo debe comunicar el cambio de titularidad a la secretaría de la comunidad. Mientras no lo comunique responde solidariamente de las deudas con la comunidad.

Precepto modificado por Ley 5/2015, de 13 de mayo, con entrada en vigor a partir del 20-6-2015 (Modificado artículo 553-37)

Artículo 553-38. Obligaciones de conservación y mantenimiento de los elementos privativos

Los propietarios de elementos privativos deben conservarlos en buen estado y deben mantener los servicios e instalaciones que se ubiquen en ellos.

Precepto modificado por Ley 5/2015, de 13 de mayo, con entrada en vigor a partir del 20-6-2015 (Modificado artículo 553-38)

Artículo 553-39. Restricciones y servidumbres forzosas

1. Los elementos privativos están sujetos, en beneficio de los otros y de la comunidad, a las restricciones imprescindibles para hacer las obras de conservación y mantenimiento de los elementos comunes y de los demás elementos privativos, si no existe ninguna otra forma de hacerlas o la otra forma es desproporcionadamente cara o gravosa.

2. La comunidad puede exigir la constitución de servidumbres permanentes sobre los anexos de los elementos de uso privativo si son indispensables para la ejecución de los acuerdos de supresión de las barreras arquitectónicas o de mejora adoptados por la junta de propietarios o para el acceso a elementos comunes que no tengan otro.

3. Los propietarios de elementos privativos pueden exigir la constitución de las servidumbres, permanentes o temporales, imprescindibles para hacer las obras de conservación y de acceso a redes generales de suministros de servicios.

4. Los titulares de las servidumbres deben compensar los daños y el menoscabo que causen en los elementos privativos o comunes afectados.

Precepto modificado por Ley 5/2015, de 13 de mayo, con entrada en vigor a partir del 20-6-2015 (Modificado artículo 553-39)

Artículo 553-40. Prohibiciones y restricciones de uso de los elementos privativos y comunes

1. Los propietarios y los ocupantes no pueden hacer en los elementos privativos, ni en el resto del inmueble, actividades o actos contrarios a la convivencia normal en la comunidad o que dañen o hagan peligrar el inmueble. Tampoco pueden llevar a cabo las actividades que los estatutos, la normativa urbanística o la ley excluyen o prohíben de forma expresa.

2. La presidencia de la comunidad, si se hacen las actividades o los actos a que se refiere el apartado 1, por iniciativa propia o a petición de una cuarta parte de los propietarios, debe requerir fehacientemente a quien los haga que deje de hacerlos. Si la persona o personas requeridas persisten en su actividad, la junta de propietarios puede ejercer contra los propietarios y ocupantes del elemento privativo la acción para hacerla cesar, que debe tramitarse de acuerdo con las normas procesales correspondientes. Una vez presentada la demanda, que debe acompañarse del requerimiento y el certificado del acuerdo de la junta de propietarios, la autoridad judicial debe adoptar las medidas cautelares que considere convenientes, entre las cuales, la cesación inmediata de la actividad prohibida. En caso de ocupación sin título habilitante, la acción puede ejercerse contra los ocupantes aunque no se conozca su identidad. Si las actividades o los actos contrarios a la convivencia o que dañen o hagan peligrar el inmueble los hacen los ocupantes del elemento privativo ilegítimamente y sin la voluntad de los propietarios, la junta de propietarios puede denunciar los hechos al ayuntamiento de su municipio a fin de que inicie, previo expediente acreditativo de que se han producido efectivamente las actividades o los actos prohibidos, el procedimiento establecido por el artículo 44 bis de la Ley 18/2007, de 28 de diciembre, del derecho a la vivienda.

3. La comunidad tiene derecho a la indemnización por los perjuicios que se le causen y, si las actividades prohibidas continúan, a instar judicialmente la privación del uso y disfrute del elemento privativo por un período que no puede exceder de dos años y, si procede, la extinción del contrato de arrendamiento o de cualquier otro que atribuya a los ocupantes un derecho sobre el elemento privativo.

Precepto modificado por ley 1/2023, de 15 de febrero, con entrada en vigor a partir del 18-2-2023 (Modificados apartados 1 y 2 del artículo 553-40)

Precepto modificado por Ley 5/2015, de 13 de mayo, con entrada en vigor a partir del 20-6-2015 (Modificado artículo 553-40)

Precepto modificado por L 10/2008, de 10 de julio, con entrada en vigor a partir del 1-1-2009 (Sustituida la expresión "ocupantes del elemento común" por "ocupantes del elemento privativo" del apartado 2 del artículo 553-40)

Artículo 553-41. Elementos comunes

Son elementos comunes el solar, los jardines, las piscinas, las estructuras, las fachadas, las cubiertas, los vestíbulos, las escaleras y los ascensores, las antenas y, en general, las instalaciones y los servicios de los elementos privativos que se destinan al uso comunitario o a facilitar el uso y disfrute de dichos elementos privativos.

Precepto modificado por Ley 5/2015, de 13 de mayo, con entrada en vigor a partir del 20-6-2015 (Modificado artículo 553-41)

Artículo 553-42. Uso y disfrute de los elementos comunes

1. El uso y disfrute de los elementos comunes corresponde a todos los propietarios de elementos privativos y debe adaptarse al destino establecido por los estatutos o al que resulte normal y adecuado a su naturaleza, sin perjudicar el interés de la comunidad.

2. En caso de que la junta acuerde instalaciones para la eficiencia energética o hídrica o de sistemas de energía renovable para el uso comunitario en elementos comunes donde existan instalaciones o sistemas de utilidad particular previamente autorizadas, incompatibles con el nuevo acuerdo, la comunidad asume la remoción y debe indemnizar los daños que la remoción comporte al propietario.

Precepto modificado por Decreto ley 28/2021, de 21 de diciembre, con entrada en vigor a partir del 23-12-2021 (Modificado artículo 553-42)

Precepto modificado por Ley 5/2015, de 13 de mayo, con entrada en vigor a partir del 20-6-2015 (Modificado artículo 553-42)

Artículo 553-43. Elementos comunes de uso exclusivo

1. En el título de constitución o por acuerdo unánime de la junta, se puede vincular a uno o a varios elementos privativos el uso exclusivo de patios, jardines, terrazas, cubiertas del inmueble u otros elementos comunes. Esta vinculación no los hace perder la naturaleza de elemento común.

2. Los propietarios de los elementos privativos que tienen el uso y disfrute exclusivo de los elementos comunes asumen todos los gastos de conservación y mantenimiento y tienen la obligación de conservarlos adecuadamente y mantenerlos en buen estado.

3. Los propietarios de los elementos privativos que tienen el uso exclusivo de los elementos comunes pueden ejecutar obras de mejora para la eficiencia energética o hídrica o la instalación de sistemas de energías renovables en dichos elementos comunes, haciéndose cargo de los costes que se deriven, así como de los gastos de mantenimiento. En todo caso, tienen que enviar el proyecto técnico con treinta días de antelación del inicio de la obra a la presidencia o a la administración. Dentro de este plazo, la comunidad puede proponer una alternativa más adecuada a sus intereses generales siempre que sea razonable y proporcionada y que no comporte a las personas promotoras un incremento sustancial del coste del proyecto técnico presentado. A falta de alternativa, los propietarios pueden llevar a cabo dichas obras o instalaciones.

4. Las reparaciones que se deben a vicios de construcción o estructurales, originarios o sobrevenidos, o las reparaciones que afectan y benefician todo el inmueble, son a cargo de la comunidad, a menos que sean consecuencia de un mal uso o de una mala conservación.

Precepto modificado por Decreto ley 28/2021, de 21 de diciembre, con entrada en vigor a partir del 23-12-2021 (Modificado artículo 553-43)

Precepto modificado por Ley 5/2015, de 13 de mayo, con entrada en vigor a partir del 20-6-2015 (Modificado artículo 553-43)

Artículo 553-44. Conservación y mantenimiento de elementos comunes

1. La comunidad tiene que conservar los elementos comunes del inmueble, de manera que cumpla las condiciones estructurales, de habitabilidad, de accesibilidad, de estanquidad, de seguridad y de eficiencia energética o hídrica, según la normativa vigente y tiene que mantener en funcionamiento correcto los servicios y las instalaciones. Los propietarios tienen que asumir las obras de conservación y reparación necesarias.

2. Los propietarios que se benefician de la instalación de infraestructuras o equipos de mejora de la eficiencia energética o hídrica o de sistemas de energías renovables de utilidad particular situados en elementos comunes o en elementos comunes de uso exclusivo tienen que asumir la conservación y el mantenimiento en su totalidad.

Precepto modificado por Decreto ley 28/2021, de 21 de diciembre, con entrada en vigor a partir del 23-12-2021 (Modificado artículo 553-44)

Precepto modificado por Ley 5/2015, de 13 de mayo, con entrada en vigor a partir del 20-6-2015 (Modificado artículo 553-44)

Artículo 553-45. Contribución al pago de los gastos comunes

1. Los propietarios deben sufragar los gastos comunes en proporción a su cuota de participación o de acuerdo con las especialidades fijadas por el título de constitución, los estatutos o los acuerdos de la junta.

2. La falta de uso y disfrute de elementos comunes concretos no exime de la obligación de sufragar los gastos que derivan de su mantenimiento, salvo que una disposición de los estatutos, que solo puede referirse a servicios o elementos especificados de forma concreta, establezca lo contrario y sin perjuicio de lo establecido por el artículo 553-30.2.

3. La contribución al pago de determinados gastos sobre los que los estatutos establecen cuotas especiales diferentes a las de participación, entre los que se incluyen los de escaleras diferentes, piscinas y zonas ajardinadas, debe hacerse de acuerdo con la cuota específica.

4. El título de constitución puede establecer un incremento de la participación en los gastos comunes que corresponde a un elemento privativo concreto, en el caso de uso o disfrute especialmente intensivo de elementos o servicios comunes como consecuencia del ejercicio de actividades empresariales o profesionales en el piso o el local. Este incremento también puede acordarlo la junta de propietarios. En ninguno de los dos casos, el incremento puede ser superior al doble de lo que le correspondería por la cuota.

Precepto modificado por Ley 5/2015, de 13 de mayo, con entrada en vigor a partir del 20-6-2015 (Modificado artículo 553-45)

Artículo 553-46. Responsabilidad de la comunidad

1. De las deudas contraídas por razón de la comunidad responden los créditos y fondos comunes de los propietarios y los elementos privativos de beneficio común. Subsidiariamente, responden los propietarios de los elementos privativos en proporción a su cuota de participación.

2. Para embargar los fondos, los créditos y los elementos privativos de beneficio común, basta con demandar a la comunidad. Para embargar los otros elementos privativos, debe requerirse el pago a todos los propietarios y demandarlos personalmente.

Precepto modificado por Ley 5/2015, de 13 de mayo, con entrada en vigor a partir del 20-6-2015 (Modificado artículo 553-46)

Artículo 553-47. Reclamación en caso de impago de los gastos comunes

1. La comunidad puede reclamar todas las cantidades que le sean debidas por el impago de los gastos comunes, tanto si son ordinarios como extraordinarios, o del fondo de reserva, mediante el proceso

monitorio especial aplicable a las comunidades de propietarios de inmuebles en régimen de propiedad horizontal establecido por la legislación procesal.

2. Para instar la reclamación basta con un certificado del impago de los gastos comunes, emitido por quien haga las funciones de secretario de la comunidad con el visto bueno del presidente. En este certificado debe constar la existencia de la deuda y su importe, la manifestación de que la deuda es exigible y que se corresponde de forma exacta con las cuentas aprobadas por la junta de propietarios que constan en el libro de actas correspondiente, y el requerimiento de pago hecho al deudor.

Precepto modificado por Ley 5/2015, de 13 de mayo, con entrada en vigor a partir del 20-6-2015 (Modificado artículo 553-47)

SECCIÓN 3.ª-Propiedad horizontal compleja

Precepto modificado por Ley 5/2015, de 13 de mayo, con entrada en vigor a partir del 20-6-2015 (Modificada Sección 3.ª del Capítulo III del Título V)

Artículo 553-48. Configuración

1. La propiedad horizontal compleja implica la coexistencia de subcomunidades integradas en un inmueble o en un conjunto inmobiliario formado por varias escaleras o portales o por una pluralidad de edificios independientes y separados que se conectan entre ellos y comparten zonas ajardinadas y de recreo, piscinas u otros elementos comunes similares.

2. En el régimen de la propiedad horizontal compleja, cada escalera, portal o edificio constituye una subcomunidad que se rige por los preceptos de las secciones primera y segunda.

3. Pueden configurarse como una subcomunidad los elementos privativos, situados en uno o más inmuebles, que están conectados entre sí y que tienen independencia económica y funcional.

Precepto modificado por Ley 5/2015, de 13 de mayo, con entrada en vigor a partir del 20-6-2015 (Modificado artículo 553-48)

Artículo 553-49. Cuotas

Cada uno de los elementos privativos que integran una subcomunidad tiene asignada una cuota particular de participación, separada de la cuota general que le corresponde en el conjunto de la propiedad horizontal compleja.

Precepto modificado por Ley 5/2015, de 13 de mayo, con entrada en vigor a partir del 20-6-2015 (Modificado artículo 553-49)

Artículo 553-50. Constitución

1. La propiedad horizontal compleja se constituye inicialmente como una sola comunidad con subcomunidades o bien como una agrupación de varias comunidades. En este último caso, pueden otorgar el título los propietarios únicos de los diferentes inmuebles o los presidentes de las respectivas comunidades autorizados por un acuerdo previo de cada junta.

2. El título de constitución debe constar en una escritura pública que debe describir:

a) El complejo inmobiliario en conjunto.

b) Cada uno de los elementos privativos que lo componen, con la indicación de la subcomunidad de la que forman parte y de la cuota de participación general y particular.

c) Los viales, las zonas ajardinadas y de recreo y los demás servicios y elementos comunes del complejo.

3. El régimen de la propiedad horizontal compleja se inscribe en el Registro de la Propiedad de acuerdo con la legislación hipotecaria, mediante una inscripción general en folio propio para la propiedad horizontal compleja y, además, en otro folio propio para cada subcomunidad y cada elemento privativo.

Precepto modificado por Ley 5/2015, de 13 de mayo, con entrada en vigor a partir del 20-6-2015 (Modificado artículo 553-50)

Artículo 553-51. Regulación y acuerdos

1. En la propiedad horizontal compleja, cada subcomunidad tiene sus órganos específicos y adopta sus propios acuerdos con independencia de las demás subcomunidades y de la comunidad general, dentro del ámbito material que le sea reconocido en el título de constitución.

2. Los estatutos pueden regular un consejo de presidentes si la complejidad del conjunto inmobiliario y de los elementos, servicios e instalaciones comunes, el número de elementos privativos u otras circunstancias lo hacen aconsejable. El consejo debe actuar de forma colegiada para la administración ordinaria de los elementos comunes de todo el conjunto y debe regirse por las normas de la junta de propietarios adaptadas a su naturaleza específica.

Precepto modificado por Ley 5/2015, de 13 de mayo, con entrada en vigor a partir del 20-6-2015 (Modificado artículo 553-51)

Artículo 553-52. Comunidades y subcomunidades para garajes y trasteros

1. La comunidad de garaje o trasteros, salvo que los estatutos establezcan otra cosa, funciona con independencia de la comunidad general en cuanto a los asuntos de su interés exclusivo en los siguientes casos:

a) Si se configura en régimen de comunidad como elemento privativo de un régimen de propiedad horizontal y la adquisición de una cuota indivisa atribuye el uso exclusivo de plazas de aparcamiento o de trasteros y la utilización de las rampas de acceso y salida, las escaleras y las zonas de maniobras. En este caso, los titulares de la cuota indivisa no pueden ejercer la acción de división de la comunidad ni gozan de derechos de adquisición preferente.

b) Si las diferentes plazas de aparcamiento o los trasteros de un local de un inmueble en régimen de propiedad horizontal se constituyen como elementos privativos. En este caso, se asigna a cada plaza, además del número de orden y de la cuota que le corresponde en el régimen de propiedad horizontal, un número o letra de identificación concretos; las rampas, las escaleras y las zonas de acceso, maniobra y salida de los vehículos se consideran elementos comunes del garaje o el trastero.

2. No existe subcomunidad para el local de garaje o trasteros en los siguientes casos:

a) Si las diferentes plazas de aparcamiento o los trasteros se configuran como anexos inseparables de los elementos privativos de la comunidad. En este caso, se les aplica lo establecido por el artículo 553-35.

b) Si el local destinado a garaje o trasteros se configura como elemento común del régimen de propiedad horizontal. En este caso, el uso concreto de las plazas de aparcamiento o de los trasteros no puede cederse a terceras personas con independencia del uso del elemento privativo respectivo.

3. Puede constituirse una subcomunidad para el local o los locales destinados a garaje o trasteros si varios inmuebles sujetos a régimen de propiedad horizontal comparten su uso. En este caso, la subcomunidad forma parte, además, de cada propiedad horizontal en la proyección vertical que le corresponde. Si unas normas estatutarias concretas no establecen lo contrario, los titulares de las plazas tienen derecho a utilizar todas las zonas de acceso, distribución, maniobra y salida de vehículos situadas en el local o los locales con independencia del inmueble concreto en cuya vertical o fachada estén situadas.

Precepto modificado por Ley 5/2015, de 13 de mayo, con entrada en vigor a partir del 20-6-2015 (Modificado artículo 553-52)

SECCIÓN 4.ª-Propiedad horizontal por parcelas

Precepto modificado por Ley 5/2015, de 13 de mayo, con entrada en vigor a partir del 20-6-2015 (Modificada Sección 4.ª del Capítulo III del Título V)

Artículo 553-53. Concepto y configuración

1. El régimen de la propiedad horizontal puede establecerse, por parcelas, sobre un conjunto de fincas independientes que tienen la consideración de solares, edificados o no, forman parte de una actuación urbanística y participan con carácter inseparable de unos elementos de titularidad común.

2. El régimen de propiedad horizontal por parcelas se rige, en lo que no establezca el título de constitución, por las normas específicas de la presente sección y, supletoriamente, por las del presente capítulo, de acuerdo con su naturaleza específica y con lo dispuesto por la normativa urbanística aplicable.

Precepto modificado por Ley 5/2015, de 13 de mayo, con entrada en vigor a partir del 20-6-2015 (Modificado artículo 553-53)

Artículo 553-54. Fincas de titularidad privativa

1. Las fincas privativas y, si procede, sus anexos inseparables pertenecen en exclusiva a sus titulares en el régimen de propiedad que les sea de aplicación.

2. Los actos de enajenación y gravamen y el embargo de las fincas privativas se extienden de modo inseparable a la cuota de participación que les corresponde en los elementos comunes.

3. La enajenación de una finca privativa no da a los propietarios de las demás derecho alguno de adquisición preferente de naturaleza legal.

Precepto modificado por Ley 5/2015, de 13 de mayo, con entrada en vigor a partir del 20-6-2015 (Modificado artículo 553-54)

Artículo 553-55. Elementos comunes

1. Son elementos comunes las fincas, los elementos inmobiliarios y los servicios e instalaciones que se destinan al uso y disfrute común que menciona el título de constitución, entre los que se incluyen las zonas ajardinadas y de recreo, las instalaciones deportivas, los locales sociales, los servicios de vigilancia y, si procede, otros elementos similares.

2. Los elementos comunes son inseparables de las fincas privativas, a las que están vinculados por medio de la cuota de participación que, expresada en centésimas, corresponde a cada finca en el conjunto.

Precepto modificado por Ley 5/2015, de 13 de mayo, con entrada en vigor a partir del 20-6-2015 (Modificado artículo 553-55)

Artículo 553-56. Restricciones

Las restricciones al ejercicio de las facultades dominicales sobre fincas privativas impuestas por el título de constitución, los estatutos, el planeamiento urbanístico o las leyes tienen la consideración de elementos comunes.

Precepto modificado por Ley 5/2015, de 13 de mayo, con entrada en vigor a partir del 20-6-2015 (Modificado artículo 553-56)

Artículo 553-57. Título de constitución

1. El título de constitución del régimen de propiedad horizontal por parcelas debe constar en una escritura pública, la cual debe contener:

a) La descripción del conjunto en general, que debe incluir el nombre y la ubicación, la extensión, la aprobación administrativa de la actuación urbanística en que se integra, los datos esenciales de la licencia o del acuerdo de parcelación, el número de solares que la configuran y la referencia y descripción de las fincas e instalaciones comunes.

b) La relación de las obras de urbanización y de las instalaciones del conjunto y el sistema previsto para su conservación y mantenimiento, así como la información sobre la prestación de servicios no urbanísticos y las demás circunstancias que resulten del plan de ordenación.

c) La descripción de todas las parcelas y de los demás elementos privativos, que debe incluir el número de orden; la cuota general de participación y, si procede, las especiales que les corresponden; la superficie; los límites, y, si procede, los espacios físicos o derechos que constituyan sus anexos o que estén vinculados a ellos.

d) Las reglas generales o específicas sobre el destino y la edificabilidad de las fincas y la información sobre si son divisibles.

e) Los estatutos, si existen.

f) La relación de terrenos de uso y dominio público comprendidos en el ámbito de la propiedad horizontal por parcelas.

g) Un plano descriptivo del conjunto, en el que deben identificarse las fincas privativas y los elementos comunes.

2. Las determinaciones urbanísticas que contenga el título de constitución tienen efectos meramente informativos.

3. No es preciso describir cada una de las parcelas si el régimen de propiedad horizontal por parcelas se establece por acuerdo de todos o de una parte de los propietarios de parcelas, edificadas o no, situadas en una unidad urbanística consolidada, que ya están inscritas en el Registro de la Propiedad como fincas independientes, pero se ha hecho constar, como mínimo, el número que les corresponde en la urbanización, la identificación registral, la referencia catastral y los nombres de los propietarios.

Precepto modificado por Ley 5/2015, de 13 de mayo, con entrada en vigor a partir del 20-6-2015 (Modificado artículo 553-57)

Artículo 553-58. Constancia registral

1. El régimen de propiedad horizontal por parcelas se inscribe en el Registro de la Propiedad de acuerdo con la legislación hipotecaria. Debe hacerse una inscripción general para el conjunto y una inscripción para cada una de las fincas privativas y, si procede, de las fincas destinadas a uso y disfrute o a servicios comunes, para cada una de las cuales debe abrirse un folio especial separado.

2. Si la propiedad horizontal por parcelas recae total o parcialmente sobre varias fincas, debe hacerse una agrupación instrumental. En la nota de referencia debe hacerse constar el carácter instrumental y debe considerarse, a todos los efectos, que nunca ha existido comunidad. Las fincas privativas pueden adjudicarse directamente al titular que corresponda.

3. La inscripción del régimen de propiedad horizontal por parcelas debe practicarse a favor de sus integrantes y, además de los datos exigidos por la legislación hipotecaria, debe contener los establecidos por el artículo 553-57 que tengan trascendencia real y la referencia al archivo del plano. En todo caso, deben hacerse las notas marginales de referencia a las inscripciones de las fincas privativas.

4. Las inscripciones de las fincas privativas deben contener, además de los datos exigidos por la legislación hipotecaria, los siguientes:

a) El número de parcela que les corresponde.

b) La cuota o cuotas de participación.

c) El régimen especial o las restricciones que pueden afectarlas de una forma determinada.

d) La referencia a la inscripción general y la sujeción al régimen de la propiedad horizontal por parcelas.

5. Las fincas destinadas a uso y disfrute o a los servicios comunes se inscriben a favor de los integrantes de la propiedad horizontal por parcelas, sin mencionarlos de forma explícita ni hacer constar las cuotas que les corresponden.

6. En caso de establecimiento de la propiedad horizontal por parcelas de forma sobrevenida, debe abrirse un folio separado e independiente para la propiedad horizontal en conjunto, en el que deben constar las circunstancias establecidas por el presente artículo y debe hacerse una referencia, en una nota marginal, a cada una de las inscripciones de las fincas que pasan a ser privativas, en la que debe hacerse constar la cuota que les corresponde.

Precepto modificado por Ley 5/2015, de 13 de mayo, con entrada en vigor a partir del 20-6-2015 (Modificado artículo 553-58)

Artículo 553-59. Extinción voluntaria

1. La extinción voluntaria de la propiedad horizontal por parcelas se produce por acuerdo de las cuatro quintas partes de los propietarios, que deben representar las cuatro quintas partes de las cuotas de participación.

2. Deben liquidarse totalmente, una vez acordada la extinción, las obligaciones con terceras personas y, si procede, con los propietarios. En el proceso de liquidación, la junta de propietarios debe mantener sus funciones, debe percibir las cuotas atrasadas y los demás créditos a favor de la propiedad horizontal por parcelas, debe enajenar, si procede, los inmuebles de uso común que se haya acordado enajenar y, una vez cumplidas todas las operaciones, ha de rendir cuentas a todos los propietarios.

Precepto modificado por Ley 5/2015, de 13 de mayo, con entrada en vigor a partir del 20-6-2015 (Modificado artículo 553-59)

DISPOSICIONES TRANSITORIAS

[...]

Sexta. Régimen de la propiedad horizontal

1. Los edificios y conjuntos establecidos bajo el régimen de propiedad horizontal antes de la entrada en vigor del presente libro se rigen íntegramente por las normas del mismo, que, a partir de su entrada en vigor, se aplican con preferencia a las normas de comunidad o los estatutos que las regían, incluso si constan inscritas, sin que sea necesario ningún acto de adaptación específica.

2. La junta de propietarios, sin perjuicio de lo establecido por el apartado 1, debe adaptar los estatutos y, si procede, el título de constitución al presente código si lo pide una décima parte de los propietarios. Para adoptar el acuerdo que corresponde, es suficiente la mayoría de cuotas en primera convocatoria y la mayoría de las cuotas de los presentes o representados en segunda convocatoria. Si la adaptación que se propone no alcanza la mayoría necesaria, cualquiera de los propietarios que la ha propuesto puede solicitar a la autoridad judicial que obligue a la comunidad a hacer la adaptación. La autoridad judicial debe dictar una resolución, en todo caso, con imposición de las costas.

Séptima. Propiedades horizontales por parcelas preexistentes

1. Las propiedades horizontales por parcelas existentes antes de la entrada en vigor del presente libro deben constituirse de acuerdo con las normas del título quinto. Una vez transcurrido el plazo de cinco años, cualquier propietario o propietaria puede pedir judicialmente el otorgamiento del título.

2. Para el otorgamiento del título, es suficiente el voto favorable de los propietarios que representen a dos terceras partes del total de las parcelas concernidas, pero es preciso aportar la licencia del ayuntamiento del término municipal donde está situada la urbanización, o bien acreditar que se ha solicitado con más de tres meses de anticipación respecto al otorgamiento de la escritura.

3. Las parcelas o los elementos privativos pueden describirse simplemente haciendo referencia a la descripción que consta en el Registro de la Propiedad, indicando el número que les corresponde en la urbanización, los datos registrales de cada una y, si procede, la referencia catastral, así como, si procede, los elementos privativos destinados al aprovechamiento exclusivo de determinados propietarios.

4. La descripción de los elementos comunes debe especificar los viales, espacios, zonas verdes y obras de infraestructura común que tenga la propiedad horizontal por parcelas, sin que sea imprescindible que conste la superficie ni la longitud de las calles, viales y zonas verdes.

5. Debe acompañarse el título de constitución, que se otorga de acuerdo con el artículo 553-57, del plano actualizado de las fincas que integran la propiedad horizontal por parcelas y de las fincas ocupadas por los elementos comunes. Si los viales han pasado al dominio público, el régimen de comunidad puede constituirse incluso si los propietarios de un número no superior al 20% de las parcelas concernidas no se integran en la misma.

6. Para que las modificaciones que provienen de la adaptación del título de constitución o del otorgamiento de un nuevo título, si procede, consten en el Registro de la Propiedad, debe abrirse un folio separado e independiente para la urbanización en conjunto y debe hacerse una referencia con una nota marginal a cada una de las inscripciones de las fincas privativas, en la cual debe hacerse constar la cuota que le corresponde, de acuerdo con el artículo 553-58.

7. Las asociaciones de propietarios legalmente constituidas tienen la consideración de propietarios si los bienes que gestionan son de su propiedad y sus bienes tienen la calificación que resulta de la titularidad y el destino establecidos por el título. Los órganos de gobierno de estas asociaciones están legitimados para promover y gestionar el proceso de constitución de la propiedad horizontal por parcelas.

8. La propiedad de los bienes corresponde particularmente a los miembros de las asociaciones de propietarios de acuerdo con las normas civiles si dichos bienes no son patrimonio de la asociación o si esta no está legalmente constituida.

9. El otorgamiento del título de constitución no permite ni comporta en ningún caso la regularización de situaciones urbanísticamente irregulares y no comporta necesariamente la extinción de las asociaciones de propietarios.

Nota: Téngase en cuenta lo establecido en la disposición transitoria de la Ley 5/2015, de 13 de mayo, respecto de propiedades horizontales por parcelas existentes antes del 1 de julio de 2006.

"Disposición transitoria. Propiedades horizontales por parcelas preexistentes

1. Las propiedades horizontales por parcelas existentes antes del 1 de julio de 2006 que aún no se hayan constituido en el momento de la entrada en vigor de la presente ley deben hacerlo de acuerdo con lo establecido por la presente ley en el plazo de cuatro años. Una vez transcurrido este plazo, cualquier propietario puede solicitar judicialmente el otorgamiento del título de constitución.

2. Para el otorgamiento del título de constitución basta con el voto favorable de los propietarios que representen dos terceras partes del total de las parcelas afectadas, pero es preciso aportar la licencia del ayuntamiento del término municipal donde se hallan las parcelas, o bien acreditar que se ha solicitado con más de tres meses de anticipación respecto al otorgamiento de la escritura.

3. El otorgamiento del título de constitución no permite ni supone en ningún caso la regularización de situaciones urbanísticamente irregulares y no supone necesariamente la extinción de las asociaciones de propietarios."

[...]

DISPOSICIÓN FINAL

Única. Entrada en vigor

La presente ley entra en vigor el 1 de julio de 2006.